엄마의 느린 글쓰기

엄마의 느린 글쓰기

초 판 1쇄 2024년 01월 12일

지은이 김미선
펴낸이 류종렬

펴낸곳 미다스북스
본부장 임종익
편집장 이다경
책임진행 김가영, 박유진, 윤가희, 이예나, 안채원, 김요섭, 임인영

등록 2001년 3월 21일 제2001-000040호
주소 서울시 마포구 양화로 133 서교타워 711호
전화 02) 322-7802~3
팩스 02) 6007-1845
블로그 http://blog.naver.com/midasbooks
전자주소 midasbooks@hanmail.net
페이스북 https://www.facebook.com/midasbooks425
인스타그램 https://www.instagram/midasbooks

© 김미선, 미다스북스 2024, *Printed in Korea.*

ISBN 979-11-6910-442-5 03190

값 **18,000원**

미다스북스는 다음세대에게 필요한 지혜와 교양을 생각합니다.

엄마의 느 _____ 린 글쓰기

김미선 지음

시작을 머뭇거리는
엄마들을 위한 글쓰기 레시피

미다스북스

프롤로그

나의 어둠이 누군가에게 한 줄기 빛이 되기를   008

1장

나는 불안한 엄마였다 : 고백

나를 사랑할 줄 모르는 사람   015
익숙한 거절   019
불안으로 채운 책장   022
당신은 엄마가 아니야   026
아이가 말을 안 해요   029
나만의 한강이 필요하다   033

2장

글 쓰는 엄마가 되고 싶다 : 시작

일단 쓰자 : 루틴이 필요해   039
잘 지내? : 나에게 묻는 안부   044
글쓰기에 재능이 필요할까?   049
어깨에 힘 좀 빼시죠   052
종이 위에 마음을 쏟아내는 시간   056

내 안의 검열자를 외면할 수 있다면 059

나를 찾아가는 연습 : MBTI 064

일상에서 보물찾기 068

메모는 나의 힘 : 글감 노트 071

100일 한 문장 쓰기 프로젝트 074

오롯이 나를 만나는 시간 078

꿈꾸는 방구석 집필실 081

세상을 향한 스위치 잠시 off 084

글쓰기도 장비빨 088

글은 내가 쓸게, 월급은 누가 줄래? 092

기억은 지워지고 흔적은 남는다 095

읽는 사람에서 쓰는 사람으로 098

3장

엄마표 글쓰기, 무엇을 쓸까? : 레시피

8세의 내가 울고 있다 __ 어린 시절 103

엄마와 아이가 함께 자란다 __ 육아 일기 108

당신을 고발합니다 __ 배우자 113

몸과 마음은 하나다 __ 운동 일지 119

마흔의 고장 수리 내역서 __ 몸의 기록 124

매일 나를 사랑하는 방법 __ 하루 일기 129

글 한잔의 확실한 행복 __ 커피 타임 136

구멍 난 통장 범인을 찾아라 __ 가계부 140

살림꽝에게도 한 가지 팁은 있다 __ 집안일   144

엄마 오늘 메뉴 뭐야? __ 식단 기록   150

보이지 않는 사랑 __ 사진   156

낯선 공간이 주는 환기 __ 여행   160

읽고 생각하고 쓰기 __ 책 리뷰   165

불안이 불안을 낳는다 __ 걱정   169

댓글 요정 나가신다, 길을 비켜라 __ 댓글   175

내향인의 유튜버 도전기 __ 도전   179

만다라트를 아시나요? __ 목표   183

천 살 먹은 나의 아저씨 __ 명언 노트   188

우리 집으로 가자 ♬ __ 덕후   192

참가해 주셔서 감사합니다 __ 공모전   196

아픔이 나를 쓰게 한다 __ 상처   201

미리 쓰는 장례식 초대장 __ 죽음   206

사라진 시곗바늘 __ 시간   210

4장

느려도 괜찮아, 엄마도 자란다 : 성장

마음의 근육을 기르는 일   215

좋은 글이란   219

구체적이고 생생한 글에서는 감칠맛이 난다   221

나의 글쓰기 선생님   224

따라 쓰기의 힘   228

내 글엔 어떤 향기가 날까?   231

공개 글쓰기가 두려운 이유   234

공개 글쓰기 플랫폼 장단점 비교   238

로또 당첨보다 조회수 폭발을 기다린다   244

때로는 거리 두기가 필요해   247

글 친구 만들기   251

실패한 글쓰기는 없다   255

고친 글도 다시 한번   258

5장

비로소 내가 되었다 : 응원

나만의 작은 정원을 가꾸자   263

글이 주는 위로   266

온전한 나 받아들이기   269

자유로운 사람이 되는 것   272

내 글이 누군가에게 도움이 되었을 때   276

엄마표 퍼스널 브랜딩   279

에필로그

쓰게 되어 다행이다   284

나의 어둠이 누군가에게 한 줄기 빛이 되기를

'후. 내가 그럼 그렇지.'

5월은 글쓰기를 쉴 만한 핑계가 많았다. '가정의 달'답게 주마다 행사가 잡혔다. 아이가 아파서, 좋은 책을 만나서, 새벽 기상에 머리가 아프다는 핑계까지 추가해 글쓰기를 한 달 정도 쉬었다. 그럴 싸한 핑계로 하루 이틀 쉬던 것이 3일이 되고 결국 한 달을 꽉 채웠다. 텅 빈 체크리스트를 보니 스스로 한심하게 느껴진다. 아주 오랜만에 한글 파일을 열어본다. 나를 다시 다독여본다. 쉬어도 괜찮다고. 느려도 괜찮다고. 꾸준히만 하자고. 다시 시작해 보자고. 마음을 다잡으며 한 줄 두 줄 글을 쓰다 보니 새로운 제목이 떠오른다. 『엄마의 느린 글쓰기』. '나 이번 글쓰기 또 실패하겠는데?' 불길한 예감이 불현듯 찾아올 때마다 '이번엔 절대 안 된다고. 이대로 글쓰기를 놓을 수는 없다고.' 나를 위로하며 새로운 제목에 힘을 실어 본다. '그래, 나는 느린 글쓰기를 꾸준히 하면 된다. 느리지만 쉬엄쉬엄 나만의 이야기를 오랫동안 쓰는 사람이 되자.' 제목은 나의 다짐이자 나를 위한 위로가 된다.

주부가 된 지 10년이 넘어가지만 시금치 다듬는 모습은 여전히 어린아이가 소꿉장난 하듯 어설프다. 삼시 세끼 챙겨 먹는 게 이리도 어려운 일일 줄이야. 아이를 낳고 키우다 보니 세상은 내가 생각했던 것보다 훨씬 더 만만한 곳이 아니었다. 아무리 용을 쓰고 내가 가진 능력의 최대치를 쏟아부어도 나는 언제나 느리고 못난 사람이었다. 보잘것없는 날들이 계속되고 나는 더 이상 물러설 곳이 없었다. 불안이 많은 엄마로 하루를 버티는 게 점점 버거워졌다. 하루를 충실히 살고 싶은 마음에 시작한 글쓰기. 길을 잃었을 때 나를 버티게 해 준 문장들. 글쓰기는 흔들리는 나를 버티게 해 준 등대와도 같았다.

이 책에는 글을 잘 쓰는 비법 따위는 없다. 나는 여전히 글을 잘 쓰는 사람이 아니기 때문이다. 학교나 어린이집에서 '우리 아이를 소개해 주세요.'라는 가정통신문에 뭐라고 써야 할지 몰라 한참을 미뤄둔다. 결국 '착한 아이입니다.' 짧은 문장으로 얼렁뚱땅 넘어가고 만다. 고마운 마음을 표현하고 싶은 순간에도 어찌할 바를 몰라 '늘 감사합니다.' 형식적인 표현으로 넘어간다. 대신 책을 읽다 보면 '어? 이 정도면 나도 쓰겠는데? 나도 한 번 써봐?' 하는 마음이 살짝 들썩이는 글쓰기 욕구가 생길지도 모른다.

글쓰기로 단단한 멘탈을 가지게 되는 방법은 이 책에 없다. 나는 여전히 불안이 많고 마음 약한 엄마이기 때문이다. 누군가 던진 말 한마디에 멘탈이 와장창 깨져 몇 날 며칠을 잠 못 이루는 날도 있다. 상처가 많아 마흔이 된 지금까지 내면 아이를 달래지 못해 남몰래 울기도 한다. 아이들만도 못한 나의 인성에 실망하고 반성하는 날도 많다. 글쓰기를 하면서 모든 게 치유되지는 않았다. 하지만 삶을 살아가면서 내 말을 과장하거나 오해하지 않고, 있는 그대로 나를 받아들여줄 친구 한 명을 만난 기분이다. 그 친구는 바로 나다. 나라는 친구를 만나기 위해 참 멀리도 돌아왔다. 글쓰기를 통해 내 안에 곪아 있던 것을 꺼내본다. 종이 위에서 때로는 웃기도 하고 울기도 했다. 내가 머물고 싶을 때마다 늘 내 곁을 지키며 기다려주고 나의 어리석고 못난 모습까지 받아준 하얀 종이에게 정말 고맙다는 말을 이 글로 대신해 본다. 마음이 메마르지 않도록 부지런히 쓰는 수밖에 없었다. 결국 글쓰기는 나를 사랑하는 일이다. 누군가에게 사랑받기 위해 글을 쓰는 것이 아니라 나를 사랑하기 때문에 글을 쓰는 것이다.

　이 책은 '글쓰기'에 관해 나에게 던지는 질문이자 스스로 답한 글이기도 하다. '무엇을 쓰지? 왜 쓰지? 어떻게 쓰지? 글은 내 삶을 구원할 수 있을까? 글을 쓰면 위로받을 수 있을까?' 글쓰기에 의문을 품은 채로 글을 써 내려갔다. 타닥타닥. 글쓰기는 손으로 마음을 옮겨내는 일이었다. 마음속에 찌꺼기가 쌓이지 않도록 부지런히 옮겨내야 했다. 계속된 실패는 재능도 없고, 인내도 끈기도 독한 면도 없는 나를 점점 나약한 인간으로 만들었다. 글쓰기로는 먹고살기 힘든 인간임이 분명한데, 이제 그만할 때도 되었는데. 나는 왜 여태까지 글쓰기를 놓지 못하는 걸까. '언젠가는 나도 글로 먹고사는 그들처럼.' 기약 없는 희망을 마음에 품고 있었다. 착한 중독. 글쓰기에 의심을 품으면서도 계속 쓰고 있는 나에게 납득할 만한 답을 주고 싶다. 잠시 넘어져 한 달을 쉬었지만 '느린 글쓰기'라는 이름으로 다시 신발 끈을 야무지게 묶고 글쓰기라는 긴 마라톤을 시작해 보려 한다.

　나는 여전히 글을 잘 쓰는 법을 모르고, 글쓰기로 치유하는 법을 모른다. 나는 좋은 사람이 아니고, 인생을 잘 사는 방법도 아직 잘 모르겠다. 하지만 한 가지는 확실하다. 나는 글을 쓰는 사람이 된 것이다. 매일 글을 쓰기도 하고, 한 달을 쉬고 다시 시작하기도 한다. 나이 먹고 할머니가 되어서도 꾸준히 쓰는 사람이 되고 싶다. 느리고 불완전한 인간인 내가 밉고 싫었던 시간도 많았다. 늘 동굴 속으로 들어가던 나는 이제 글을 쓰기로 했다. 하얀 종이는 모든 것을 받아 줄 준비가 되어 있었다. 나는 그저 편하게 마음을 열고 털어놓으면 된다. 나처럼 세상살이가 쉽지 않은 엄마들과 '느린 글쓰기'를 함께 나누고 싶다.

느리고 못난 인간의 아주 느린 글쓰기.
빠르고 완벽한 세상에 지친 누군가에게.
느린 글쓰기가 내게 준 안락함을 함께 누릴 수 있길 기도해 본다.

1장

나는 불안한 엄마였다

: 고백

아이만 낳으면 저절로 엄마가 되는 줄 알았다.

하지만 세상은 내게 '넌 엄마 될 자격이 없다'고

말한다. 나는 자꾸만 더 불안해졌다.

나를 사랑할 줄 모르는 사람

나를 버리며 살아가는 삶은 얼마나 위태로운가. 세상에 몸을 던지고 세상 사람들이 말하는 대로 몸과 마음을 맡기며 휘청거리며 사는 삶. 그들의 말과 생각 위에 둥둥 떠다니다 집으로 돌아오면 녹초가 되고 만다. 무리에선 최대한 튀지 않는 것이 목표다. 내가 그들인 듯 그들이 나인 듯. 그렇게 살다 보면 시간이 순식간에 사라진다. 여러 번의 파도가 지나고 잔잔히 몰려오는 자괴감과 남은 건 허무함뿐이었다.

나를 지키며 사는 삶은 힘겹다. 먼저 내 생각을 찾아야 하고, 또 그것을 증명하기 위해 끊임없이 배우고 싸워야 한다. 그로 인해 사람들과 부딪히는 일도 많다. 꼭 이렇게까지 살아야 하나? 나를 찾겠다고 너무 발악하며 사는 건 아닌가. 처음 사회생활을 시작했을 때, 중견 직원이 되었을 때, 결혼 생활을 시작할 때, 아이를 낳고 엄마가 되었을 때, 아이가 학교에 입학할 때. 나를 버리며 사는 삶과 나를 지키는 삶 중 나는 어떤 삶을 살았을까?

'나는 나를 좋아하는가?'라는 질문에 1초의 고민도 없이 '아니요.'를 선택한다. 내 삶을 지키며 살지 못한 대가였다. 책을 읽다 보면 공통적으로 나오는 메시지가 '나 자신부터 사랑하라.'였다. 사는 건 곧 나와의 관계가 제일 중요하다고 말한다. '나를 사랑하라고?' 책을 읽으면서 머리로는 알겠는데 마음에서는 도무지 받아들일 수가 없었다. 30년 넘게 '나를 미워하며 살아왔는데 이제 와서 무슨 수로 나를 사랑하라는 거지?' 마음이 더 복잡해졌다.

외모는 물론이고
늦잠에 게으른 습관
작심삼일은 기본
도전은 좋아하지만 수습은 나 몰라라
시기, 질투, 콤플렉스, 비교로 자존감은 바닥
그 화로 때로는 사랑하는 사람까지 괴롭히는
특별히 잘하는 것도 내세울 것도 없는

부족한 게 많다는 걸 알면서도
노력할 의지도 없는 못난 인간.
그런 나를 사랑하라고?

그럼에도 '나를 사랑하라.' 닥치는 대로 책을 읽으며 억지로 마음
에 새기려 노력했다. 날마다 책을 읽어도 덮고 돌아서면 마음은 늘
제자리였다. 오랜 시간이 지나도 온전히 받아들일 수 없었다. 진짜
나를 사랑하는 법을 제대로 알지 못했다. 나를 사랑하지 않아서 불
안했던 건지, 불안한 나여서 사랑할 수 없었던 건지. 나는 여전히
나를 잘 모르는 사람이었다. 이런 내가 진저리나게 싫다고 백 번 천
번 말해봐야 아무 소용없었다. 더 어두운 곳으로 꽁꽁 숨는 사람이
될 뿐이었다. 나의 어둠은 결국 아이들에게까지 그림자가 생겼다.
이제 그만 나를 증오하는 어둠의 긴 터널에서 나와야 했다. 빛을 향
해 방향을 틀어야 했다.

그 시작은 나를 제대로 알아가는 것이었다. 나를 있는 그대로 인
정하고 받아들이는 연습을 위해 나는 글을 쓰기 시작했다. 내 삶이
초라하고 보잘것없어서 써 보기로 했다. 어두운 마음을 따로 떼어
놓는 연습을 하자고 했다. 막상 쓰기를 시작하고도 당장 달라지는
건 없었다. 오랫동안 묵혀 있던 마음의 어딘가가 조금씩 옅어지는

정도였다. 별거 아닌 하찮은 기록들도 모아두고 나중에 보면 '와. 나도 이럴 때가 있었네. 이런 시간을 견디면서 어떻게 버텼을까?' 결국 그때의 나를 안아주고 싶은 마음. 중요한 건 그 순간들이 크고 대단해서 남기는 게 아니라 보잘것없고 초라해도 모든 순간이 내 시간이었기 때문에 남기는 것이다. 결국 나만 할 수 있는 나만의 이야기를 남긴다.

나를 사랑해 주기로 다짐하고 마음의 방향을 바꾸었을 때 비로소 기적이 일어났다.

익숙한 거절

첫 번째 책이 나오고 바로 다음 책을 준비했다. 첫 책 출간이라는 자신감 충만한 텐션으로 2번째 책도 바로 낼 수 있을 줄 알았다. 한 번 해봤으니 두 번째는 처음보다 더 쉬울 것이라는 김칫국까지. 착각이 깨지기까지는 그리 오래 걸리지 않았다. 공을 들여 첫 책을 완성하고 나는 곧바로 초심을 잃게 되었다. 참 간사하게도 첫 책을 쓸 때는 서문에서부터 끝나는 장까지 90% 이상을 완성해서 출판사에 투고했다. '우리 엄마는 초보 작가입니다.'라는 제목으로 쓴 두 번째 글은 시도는 좋았으나 완성도는 엄청 떨어졌다. 첫 책을 계약하고도 5-6개월을 기다려야 책이 완성됐다. (사실 이 정도도 빠른 편) 그래서 일단 기획만 잡아놓고 계약을 한 다음 제대로 글을 써야겠다고 오만한 생각을 했다. 끄적끄적 대충 쓰다 만 글로 '이 정도면 되었다.' 생각하고 승부수를 던졌다. 지금 보면 이불 퀵 할 만한 부끄러운 글들. 그 시절의 나는 참 어리석고 어린 나였다.

대충 쓴 글로 출판사에 기획서를 보냈다. 서른 곳 정도 보내면 스물다섯 곳은 답 메일을 보내 주지 않는다. 그나마 친절한 곳은 '원고 잘 받았습니다.' 더 친절한 출판사는 '언제까지 회신을 드리겠습니다.' 얼마 뒤 도착한 회신 메일에는 '저희 출판사는 귀하의 책과 방향이 맞지 않아….' 거절 메일이 도착한다. 한 원고로 50군데 넘게 메일을 보냈으니 두 번 쓴 원고로 총 100번 넘은 거절을 당한 셈이다. 익숙해질 법도 한 데 좌절감은 도무지 맷집이 생기지 않았다. 기다림은 계속되었고 두 출판사에서 원고 일부를 보내달라고 했다. 그제야 부랴부랴 30p를 원고를 만들어 보냈다. 결과는 뻔했다. 원고를 받아 본 출판사에서도 그 뒤로 연락이 없었다.

두 번째 책에 좌절하고 나는 곧바로 유튜브 세계로 빠졌다. 책과 유튜브 영상으로 영상 만드는 법을 배웠다. 유튜브 채널을 만들고 '유튜브 하는 엄마'에 관한 글을 쓰고 싶었다. 하지만 아이 키우며 영상 만들기에도 시간이 빠듯했으니 글쓰기는 늘 뒷전이었다. 그럼에도 또 의도가 좋으니 또 잘될 줄 알았다. 유튜브 영상 올리기에 열정이 식어갈 때쯤 그동안 모아둔 글을 정리해 출판사에 메일을 보냈다. '너, 글쓰기 장난치듯 쉽게 보지 마라.' 무언의 경고라도 하는 듯 단 한 군데도 연락이 오지 않았다.

글쓰기 곡선은 『엄마의 심야책방』으로 상승세를 달렸다. 그 뒤로 '글쓰기'에 관한 글도, '유튜브'에 관한 글도 연속으로 하향선을 탔다. 방황하던 글쓰기는 5년 만에 다시 정신을 차렸다. 이번엔 기필코 제대로 두 번째 책을 만들어보겠다는 초심으로 열정을 쏟고 있다. 지난 두 번의 원고는 부끄러울 정도로 대충 썼다고 인정한다. 하지만 이번 글에 나의 모든 것을 쏟아 부었는데도 또 50번의 거절을 당한다면 내가 설 곳은 어디일까. 온몸에 힘이 스르륵 빠지는 기분이다.

불안으로 채운 책장

'육아서'를 읽으면 공부도 잘하고 인성 바른 아이를 키울 수 있을 줄 알았다.

'자기 계발서'를 읽으면 올바른 습관이 생기는 줄 알았다.

'인문서'를 읽으면 아는 게 많아지는 줄 알았다.

'에세이'를 읽으면 의미 있는 인생을 살 수 있을 줄 알았다.

'심리 책'을 읽으면 멘탈이 강해지는 줄 알았다.

하지만 책을 계속 읽어도 나는 늘 불안한 사람이었다. 잘하고 싶은 마음도 불안에서 나왔다. 불완전한 나는 온전히 나를 받아들이지 못한 마음에서 파생되었다. 자기 계발서를 주로 읽으며 적어도 내가 하고 있는 일에서는 그들처럼 성공한 사람이 되고 싶었다. 아무리 책을 읽어도 밑 빠진 독처럼 나는 지독히도 변하지 않았다. 오히려 '책만 읽는 바보'가 되고 있었다. 붓고 또 부어도 채워지지 않는 결핍은 계속되었다. 읽을 때는 팔딱팔딱 뛰던 심장이 책을 덮고 나면 불이 진화되듯 열정은 조용히 사라졌다. 나는 또 어느새 새로운 책을 펼쳐 들고 또 다른 열정을 찾아 헤맸다.

인스타그램에는 하루에도 수백 권의 책이 추천된다. 캡처해 둔 책 사진은 이천 장이 넘어간다. 노트북에 엑셀 파일로 정리해 둔 책 목록도 셀 수 없을 지경에 이르렀다. 남들이 추천하는 좋다는 책은 다 읽어보고 싶었다. 그들처럼 책이 주는 좋음을 똑같이 느껴보고 싶었다. 읽어야 할 책 목록은 쌓여만 갔다.

도서관 대출 한도 7권을 가득 채워 (아이들 책까지 15권 정도) 어깨가 빠지도록 큰 가방 둘러메고 집으로 돌아오는 길에는 마치 부자가 된 것 같았다. 또 다른 도서관 찬스로 서점에서 새 책을 바로 받아볼 수 있는 '동네 서점 바로바로 서비스'의 단골손님이다. 한 달에 한 번 2권씩 신청할 수 있다. 또 거리가 먼 도서관 책을 가까운 도서관에서 받아 볼 수 있는 '상호대차 서비스'로도 책을 신청한다. 이쯤 되면 도서관 책을 먼저 읽느라 집에 있는 책은 늘 뒷전이 된다. 물론 기한 내에 읽지 못하고 반납하는 책들이 더 많다.

새로 구매하는 책도 많다. 집에 더 이상 책을 둘 공간이 없어 바닥에 쌓아두게 되자 '사고 싶은 책은 한 달에 딱 한 번만 사자'고 다짐했다. 다짐은 얼마 못 가 '이 책 지금 당장 읽어야 해!' 꽂히는 책을 만나면 보란 듯이 무너졌다. 인터넷 서점 장바구니에는 86권의 책이 담겨 있다. 나중에 사야지 하고 넣어둔 보관함에는 더 많은 책이 쌓여 있다. 장바구니를 보면서 '와. 나 정말 책에 미쳤구나.' 스스로를 욕한다. (신중하게 고르고 골라 6권을 주문한다.) 사고 싶은 책을 다 살 만한 경제적 여유도 없고, 읽을 만한 시간도 없고, 둘 공간도 없었다. 더 중요한 건 책을 읽는다고 다 소화가 되지 않았다. 그저 허영뿐인 책 욕심만 가득했다.

아이들 책도 예외는 아니다. 엄마 취향을 가득 담아 벽면 가득 책으로 채웠다. 다행히 아이들은 나와 다른 스타일로 책을 좋아한다. 욕심으로 읽는 게 아닌 순수한 재미로 읽는다. 책 한 권에 빠져 여러 번 반복해서 읽는 모습을 보면 9세 아이의 독서법을 배워야겠다는 생각도 든다.

죽기 전에 이 책들 다 읽을 수 있을까? 벽에 쌓인 책들을 바라보면 한숨이 푹 나온다. 아래로 계속 굴러 떨어지는 돌을 다시 정상까지 밀어 올려놓아야 하는 '시지프스의 벌'처럼 스스로에게 책으로 내린 형벌. 읽어도 읽어도 줄지 않고 계속 쌓여만 가는 책들. 이러다 곧 책에 깔릴 것 같다. 바보 같은 독서가는 점점 지쳐 간다. 10년이 넘게 책 읽기에 열중했다. 책만 읽는 데 열중했다. 이제 좀 알 것 같다. 읽기만 해서는 절대 안 된다는 것을. 그저 읽기만 하는 독서는 죽은 독서라는 걸 증명하는 산증인이 되고 말았다. 변화가 필요하다.

당신은 엄마가 아니야

주말 저녁. 배달시킨 족발이 도착했다. 따끈한 팩 위에 수북한 고기, 새콤 달콤 막국수, 양파, 된장, 김치가 담긴 밑반찬 세트. 요즘 배달음식은 반찬 가짓수도 참 많다. 뚜껑을 열려고 비닐장갑을 가지러 간다. 옆에 있던 남편이 나를 보며 한마디한다. "아 놔둬. 놔둬. 내가 할게. 자기 손에 묻는 거 싫어하잖아. 당신은 엄마가 아니야. 여자야 여자." 늘 이런 식으로 말하는 사람이지만 이번엔 그 말이 밤이 되도록 잊혀지지 않는다.

음식물 쓰레기를 버리지 않는다고
전등을 갈지 못한다고
무거운 짐을 들지 않는다고

더러운 걸 만지지 않는다고
생선 손질을 하지 못한다고
손빨래를 하지 않는다고
그래서 당신은 손이 아직 늙지 않았다고
서류상 무려 10년 차 주부이자 엄마인 나에게
당신은 엄마가 아닌 여자라고 비아냥거린다.

허허. 나는 허탈한 웃음을 지었지만 틀린 말은 아니었다. 아이를 낳기 전 '엄마'라는 이름은 그야말로 위대했다. 이름에 담긴 어마어마한 희생은 나에게 여전히 서툴다. 몸으로 아이를 낳았고 엄마라는 이름만 얻었다. 엄마의 제대로 된 역할과 마음 자세는 온전히 배우지 못했다. 신입 사원을 가르치듯 신입 엄마에게는 왜 아무도 엄마의 역할은 제대로 가르쳐 주지 않는 걸까. 배울 수 없는 영역이라 그런 건가.

아이가 먹을 음식을 먼저 만들고
아이가 먹고 난 식탁 밑 음식찌꺼기를 훔치고 정리한다.
내 몸이 아파도 아이와 놀아주는 게 먼저다.
아이가 놀기 좋은 공원을 찾고
아이가 좋아하는 노래를 찾아 듣는다.

엄마라는 이름은 나라는 존재를 서서히 지워가기에 딱 좋은 자리였다. 그렇게 엄마가 된다는 건, 지금까지 살아온 이름을 지우고 누군가의 뒤에 서는 일이다. 아이 이름 + 엄마로 불리는 일이다. 아이만 낳으면 강인한 엄마가 될 수 있을 줄 알았다. 내 아이 하나쯤은 언제 어디서든 지킬 수 있을 줄 알았다. 아이는 하루하루 커가지만 나는 여전히 나약한 엄마였다. 남편의 말대로 엄마도 아니고 여자도 아닌, 엄마와 여자 그 사이에서 방황하는 인간이었다. (남편이 이 글을 본다면 자기가 언제 그런 말을 했냐며 마치 소설이라도 본 것 마냥 억울해하겠지.)

아이가 말을 안 해요

하늘이 무너지는 기분이었다. 내 아이가 평범한 아이들과 다르다는 걸 인정해야 했을 때. 어린 시절에는 그저 낯가림이 심한 줄로만 알았다. 첫째 아이는 밖에서 어른을 만나면 "인사 해야지~."라는 말을 꺼내기도 전에 "안녕하세요." 고개를 꾸벅 숙여 인사했다. 둘째 아이는 어른을 만나 "인사 해야지~."라고 하면 "싫어!" 하면서 고개를 휙 돌려버렸다. 그때부터 '어? 얘가 왜 이러지?'라는 작은 의문과 함께 걱정스런 상황이 종종 생겨났다. '크면 점점 나아지겠지.'라며 세상 사람들이 정해놓은 보통의 범위 안에서 벗어나고 싶지 않았다. 발을 동동 구르며 아슬아슬한 선을 가까스로 붙잡고만 있었다.

아이가 4살이 되고 어린이집에 갔다. 꾹꾹 눌러두고만 싶었던 문제는 수면 위로 극명하게 드러났다. 아이는 기관의 어느 누구에게도 말을 하지 않았다. 아이와 상담을 받으러 가기로 결정하게 된 날. 그동안 아이 문제를 언급할 때면 '당신이 호들갑 떠는 거라고.' 내 아이에게는 절대 문제없다며 귓등으로도 듣지 않던 남편은 그제야 현실을 받아들이고 눈물을 흘렸다. 우리 아이가 왜 그런 곳에 가서 상담을 받아야 하냐고. 요즘은 센터도 많이 생기고 방문하는 아이들도 많아 문턱이 많이 낮아졌다. 하지만 아이와 함께 그곳의 문을 두드리기까지 고민하고 하루에도 열두 번 무너져 내렸을 엄마들의 심정을 이제는 안다.

주변의 시선에도 기분이 오르락내리락 요동을 쳤다. 밖에 나가 있는 동안 온갖 시선과 말이 우리 모녀를 공격하는 기분이었다. 예전 같으면 그냥 흘려 넘길 수 있는 말도, 금방 잊어버릴 말들도 곱씹어 마음에 하나하나 새기기 시작했다. 마음에 걸리는 말이라도 듣고 온 날에는 온몸이 아프고 말았다. 아이의 표정이 밝아 보이면 '와. 이제 희망이 보인다!'라고 좋아했다가 다시 어두워지면 좌절했다. 아이 컨디션에 따라 내 기분까지 이리저리 흔들렸다. 아이의 아픔을 받아주고 이해할 수 있는 어른이 되지 못했다. 에너지 넘치는 날에는 뭐든 다 해주고 싶은 열혈 엄마가 되었다. 기운이 쑥 빠지는 날에는 아이에게 아무것도 해줄 게 없다는 무기력에 빠졌다. 아이를 도와줄 수 있는 일과 아이가 스스로 헤쳐 나가야 할 일을 고민하다 이내 머리가 복잡해진다. 마음이 흔들릴 때마다 아이에게까지 영향을 미치지 않도록 중심을 잡아야 했다. 내가 할 수 있는 일은 아이와 나의 상태를 기록하며 앞으로 나아가는 수밖에 없었다. 아이의 관찰 일지를 보면서 지난날의 아이와 지금의 달라진 부분을 확인한다. 어느새 훌쩍 자란 아이 모습에 시커멓게 타버린 마음을 달래 본다. 과정을 쓴다고 우리 아이가 한 번에 달라지는 것도 아니고 내 마음이 멀쩡한 사람처럼 괜찮아지는 것도 아니었다. 글을 쓰는 지금도 여전히 마음이 아프고 힘들다.

　아이의 아픔을 받아들이기 더 힘들었던 이유는 내 문제가 아이에게 전염된 것 같은 미안함 때문이었다. 내가 만든 육아 환경 때문에 아이에게 문제가 생긴 건 아닌지. 어린 시절 조용하고 소심했던 나의 성향을 그대로 닮은 건 아닌지. 내가 아이 인생을 망쳐버린 건 아닌지. 아이를 보면서 나는 다시 어릴 적 유독 소심한 내가 된 듯 아무것도 할 수가 없었다. 나와 닮은 아이의 모습을 보는 건 마주하기 힘든 어린 시절의 나를 보는 것 같았다. 너는 나와 다르다고. 제발 나와 다르게 살아달라고. 엄마처럼 불행해지면 안 된다고. 두 손 모아 기도했다. 그래서 더 힘을 내야 했지만 자꾸만 넘어지는 날

들이 많았다. 아이를 향한 안타까운 마음과 동시에 나를 끊임없이
비난하며 죄책감을 가지게 되었다.

지독히도 말이 없었던 30년 전의 나와
굳게 입을 닫고 여전히 마음을 알 수 없는 4세의 너.
우리는 서로를 바라보고 있다.

나만의 한강이 필요하다

누구에게나 자신만의 한강은 필요하다. - 하정우

아파 본 사람은 안다. 비슷한 아픔을 가진 사람들을 이해할 수 있다. 전부를 헤아릴 순 없겠지만 작은 부분이라도 공감하게 된다. 나도 이제야 나와 닮은 아픔을 가진 사람들의 마음을 조금은 헤아릴 수 있을 것 같다. 우리는 언제든 연결될 수 있고, 나의 의지와 상관없이 원치 않은 어떤 일이든 생길 수 있는 게 우리의 인생이었다.

아이에게 문제가 있다는 기운이 스멀스멀 올라왔다. 엄마의 직감으로 느껴졌다. '아. 이건 보통 일이 아니구나.' 나도 분명 남의 아이였다면 '크면 괜찮아지겠지.'라고 위로했을 것이다. 아이가 커갈

수록 걱정은 하루하루 눈덩이처럼 불어갔다. 아이의 함구에 대해 주변 사람들보다도 더 무뎠던 남편. 그는 아이의 아픔을 전혀 이해하지 못했다. 그렇게 혼자만의 걱정으로 마음을 앓다 결국 나도 점점 아픈 사람이 되었다.

그때 나의 한강이 되어준 곳이 상담 센터였다. 용기 내어 찾아간 곳에서 아이에게 벌어진 일을 처음으로 시작부터 끝까지 털어놓았다. 차분한 마음으로 이야기를 시작했지만 결국 마지막엔 오열하고 말았다. 응어리졌던 마음을 하나씩 꺼내 놓으며 나 스스로도 정리가 되고 홀가분한 기분까지 들었다. 무엇보다 나에게 필요한, 내가 듣고 싶었던 이야기를 해 주는 시간이었다. 일주일에 한 번. 아이와 겪었던 마음의 문제들을 모아 털어놓는 공간이 되었다. 그곳을 통해 아이뿐만 아니라 나의 문제점까지 배울 수 있었다. 아마 센터를 찾지 않았다면 나를 힘들게 하는 아이가 그저 미웠을 것이다. 나와 닮은 아이의 모습에 죄책감은 더해졌을 것이다. 센터는 마음에 환기를 시켜주었다.

부모 상담시간에는 '지난 한 주 어떻게 지내셨어요?'라는 질문으로 상담을 시작한다. 그때 해야 할 답변이 바로 생각나지 않았다. 그래서 아이의 변화된 점들을 하나씩 적기 시작했다. 걱정 가득한 마음도 글로 쓰기 시작했다. 어린이집에서 1년이 넘게 아무 말도 하지 않고 지내는 아이를 키우는 엄마의 시커메진 속마음을 쓰기 시작했다. 어디에도 드러내고 싶지 않았던 이야기. "나 오늘 너무 속상했어." "나 정말 너무 못난 거 같아." 나의 이야기를 종이 위에 써 내려간다. 목구멍까지 차올랐던 설움이 하나 둘 터져 나올 때, 나는 그제야 숨통이 좀 트였다. 누구의 눈치도 보지 않고 내가 하고 싶은 시간에 이야기를 할 수 있는 곳. 어느 곳이라도, 어느 한 사람이라도 괜찮다. 내 이야기를 진심으로 받아주고 같이 공감해 줄 수 있다면, 괜찮다고 손잡아 줄 수 있다면, 그곳은 바로 나만의 한강이 된다.

2장

글 쓰는 엄마가 되고 싶다

: 시작

벼랑 끝에 섰을 때,

나는 늘 쓰고 있었다.

그제야 비로소 쓰는 사람이 되었다.

일단 쓰자 : 루틴이 필요해

　배우 유해진은 평상시에도 부지런히 움직이기로 소문이 나 있다. 그는 해외여행을 가서도 매일 조깅을 하고 수영, 스키, 등 운동을 즐기는 것도 모자라 온종일 동네를 걸어 다니며 시간을 보낸다고 한다. 움직임이 몸에 배어 있는 사람. 어떻게 그렇게 살 수 있냐고 물으니 그의 답은 '일단 신발을 신어라.'였다. 신발을 신으면 다시 벗기 귀찮아 어디든 갈 것이라는 간단하지만 정확한 그의 대답에 고개를 끄덕이게 된다.

　글을 쓰는 일은 늘 부담스럽고 낯설게 느껴졌다. 마치 수영을 할 줄 모르는 사람에게 물에 들어가서 장비 없이 떠 있어 보라는 것 같았다. 글쓰기도 수영처럼 몸에 힘이 들어가면 수면 아래로 가라앉게 된다. 쓰기가 내 삶에 얼마나 도움이 될까? 쓴다고 당장 변하는 것도 아닌데 시간낭비만 하고 있는 건 아닌지. 쓴다는 건 골치만 아픈 일이지. 스멀스멀 올라오는 의심 세포들은 점점 덩어리가 되어 쓰는 뇌를 점점 멈추게 했다.

아이 몸에 갑자기 알레르기가 올라온다. 급히 택시를 타고 병원으로 향한다. 약을 먹고 괜찮아졌지만 먹는 것도 조심해야 하고 계속 잘 살펴야 한다. 가까스로 지켜오던 며칠간의 루틴은 한순간에 깨지고 마음도 순식간에 무너진다. 아이에게 신경을 못 써서 아픈 거 같아 온종일 마음이 무거워진다. 살아가는 동안 위급상황은 예고도 없이 툭 던져진다. 6월에는 집 이전 건으로 정신이 없었다. 남편과 머리를 맞대고 우리 가족의 거취를 고민했다. 이사가 제일 큰 숙제였다. 7월에는 아이의 '불안'에 대해 책도 뒤져보고, 유튜브에서 동영상을 수십 개 찾아보며 밤을 지새웠다. 8월은 아이의 방학이다. 학기 중에는 그나마 생기던 공식적인 내 자유 시간이 산산 조각나 버렸다. 글을 쓰기에도 책을 읽기에도 애매한 시간들. 핸드폰을 꺼내 흥미로운 기사거리를 구경한다. 유튜브에서 추천해주는 영상을 아무 생각 없이 손가락으로 슥슥 넘겨본다. '띠리리리' 어느새 아이가 돌아온다.

또 어떤 날은 남편과 심하게 다툰다. 심기가 불편해지면서 만사가 귀찮아진다. 남편 흉보는 거 외엔 딱히 쓸거리도 없다. 이걸 써서 뭐 하겠냐는 생각이 나를 무기력하게 만든다. 아이들이 등원하고 나면 이불 정리를 하고 청소기를 돌리고, 설거지 통에 쌓인 그릇을 씻는다. 빨래를 돌리고 아이들 먹일 식단을 고민하다 인터넷으로 장을 본다. 점심을 간단히 챙겨 먹고 숨 좀 돌리면 아이들이 온다. 달력에 파란색 펜으로 메모가 써진 날은 하루가 더 빠르게 지나간다. 가스 점검이 있는 날. 은행 일을 보는 날, 친구를 만나는 날, 병원에 가는 날. 빠르게 흘러간 하루는 나를 글 쓰는 사람으로 가만히 내버려 두지 않았다.

그렇게 꾸준한 글쓰기는 매번 무너지고 말았다. 지나고 보면 아무리 급한 날에도 5분 정도 시간을 투자해 짧은 글이라도 남겨 둘걸 후회가 밀려든다. 글쓰기가 무너지는 가장 큰 문제는 글쓰기를 우선순위로 두지 않았다는 점이다. 어쩌다 흐름이 깨지면 다시 일상의 시간으로 돌아와도 글쓰기보다 읽고 싶은 책을 찾아 읽기에 급급했다. 하고 있던 글쓰기로 다시 돌아가지 않았다. 글쓰기보다 책 읽기가 더 쉽고 재밌었기 때문이다. 시작만 하고 마무리 짓지 글들은 점점 쌓여만 갔다. 글쓰기는 발전도 없고 늘 시작 단계에만 머물러 있었다.

매일 글쓰기를 하겠다고 마음먹으면 3일 차까지는 순조롭게 쓸 수 있었다. (물론 글쓰기도 주말은 쉬고 주 5일제로 일한다.) 3일이 지나면 꼭 무슨 일이 생기든지 쓸 의지가 상실된다. 다시 책상에 앉았을 때는 쓰지 못한 날들의 글 숙제가 밀려 있다. 흠. 속절없이 밀린 날에는 차례를 기다리는 글감노트를 펼치기조차 두렵다. 글을 쓰는 사람이 되고 싶었고, 글을 써야지라고 마음을 먹은 건 1,254번도 넘을 것이다. 뜨거웠던 열정은 3일을 못 버티고 언제 그랬냐는 듯 모래성처럼 사라지고 말았다.

이제는 글쓰기를 모든 생활의 우선순위로 둔다. 쓰는 사람이 되기로 했으니 모든 핑계나 의심에 문을 닫고 일단 무엇이든 쓰기로 한다. 새벽 기상을 하는 날에는 책상으로 와서 가장 먼저 한글 파일을 클릭한다. 늦잠을 잔 날에도 아이를 등원시키고 돌아와 집안 꼴이 엉망이더라도 설거지와 청소 대신 책상에 앉아 글쓰기를 먼저 한다. 해야만 한다. 틈만 나면 들여다보던 SNS도 유튜브도 마트 쇼핑도 이제 글쓰기 다음 순위로 밀려났다.

쓸거리가 준비되어 있든 없든 일단 펼치고 본다. 글을 처음 쓰는 우리에게 중요한 건 좋은 글을 쓰는 게 아니다. 그저 아무 글이나 써보는 글을 쓰는 경험을 하는 것이 중요하다. 글을 써보는 시간이 쌓이면서 흐릿하던 내 글은 점점 선명해진다. 아무 글이나 일단 쓰자. 하루 종일 글만 쓰고 있자는 건 아니다. 오늘 하루 중 내가 꼭 해야 할 일. 그 중 일 순위를 글쓰기로 정한 것이다. 마음의 우선순위를 찾는 일은 내가 어떤 사람이 되고자 하는 모습을 그려보는 일이다. 먼 훗날 내가 그리는 사람이 되고자 삶의 우선순위를 마음에 품어본다. 그렇게 살아가다 보면 나는 매일 글 쓰는 사람이 되어 있을 것이다. 다짐이 언제 또 무너질지 모르지만 나는 글 쓰는 사람으로 다시 돌아가는 방법을 안다. 글을 꾸준히 쓸 수 있는 최고의 방법은 내 삶에서 글쓰기를 우선순위로 두는 것이다. 나만의 루틴을 만들고 잘 지키는 일. 유해진님이 움직임을 위해 무작정 신발을 신었듯 나는 오늘도 무작정 종이 위를 달릴 준비를 한다.

잘 지내? : 나에게 묻는 안부

'잘 지내?'

잠들려고 뒤척이던 늦은 밤. 유일하게 빛나는 휴대전화에 뜬 새로운 문자 한 통. 철없던 시절 만난 구남친의 문자 한 통에 심장이 '쿵'하고 내려앉았던 적이 있는가. (별 의미 없이 보냈을) 안부 문자 한 통에 답장을 할까 말까 잠 못 이루며 밤새 고민하던 날들도 있었다. 지금이라면? 저장 안 된 번호는 일단 보이스 피싱을 의심해야 한다.

첫째가 어린이집에 가고 둘째가 낮잠 자는 시간은 그야말로 내게 황금시간이었다. 책도 보고 글도 쓸 수 있어서 밥 먹는 시간마저 아까웠다. 버티고 버티다 오후 2시쯤 되면 배고픔에 지고 만다. 오늘은 뭘 먹을까? 아니 뭘로 때워볼까? 커피 포트에 물을 데우고 컵라면을 꺼낸다. 냉동실에서 얼린 밥을 꺼내 (참치마요) 전자레인지에 2분 돌린다. 먹는 시간은 채 5분을 넘기지 않는다. 설거지는 숟가락 하나, 젓가락 하나, 밥그릇 하나. 끝.

온 가족이 함께하는 저녁이 되면 푸짐한 밥이 먹고 싶어진다. 가장 맛있는 밥은 남이 해준 밥이라고 그날은 확실히 먹고 싶은 게 있었다. 식당 간판이 보이지 않는 곳에서부터 익숙한 냄새로 기분 좋아지는 곳. 시끌벅적한 현장을 비집고 자리를 잡고 앉는다. 지글지글 불판에 막 올려진 고기를 굽는다. 간장 양파 절임과 된장을 듬뿍 찍은 쌈을 한입에 쏙 넣을 때의 확실한 행복. 돼지갈비가 먹고 싶었다.

남편에게 "우리 돼지갈비 먹으러 갈까?"라고 물으니
"린이는?" 하며 인상을 구긴다.

참. 우리에겐 이제 막 100일을 넘긴 스스로 앉지도 못하는 아기가 있었지. 그래. 돼지갈비야. 우린 몇 년 뒤에나 만날 수 있겠구나. 그날 밤. 급히 먹은 점심 때문인지 김칫국만 마시다 단칼에 거

절당했던 돼지갈비 때문인지 마음 한편이 체한 것처럼 우울감이 확 밀려왔다.

아이를 키우며 제한된 생활이 어디 먹는 것뿐이랴. 하루 종일 부비대려면 거친 면도 주렁주렁 달린 옷도 비싼 옷도 못 입는데. 남편은 속도 모르고 '왜 맨날 똑같은 펑퍼짐한 옷만 입고 다니냐'고 한다. 입고 싶은 옷도 못 입고 살찐 것도 서럽다. 한 마디에 또 울컥하고 만다. 아이의 똥 폭탄과 씨름한 날. 식탁 바닥에 한껏 뿌려둔 음식물 찌꺼기를 닦아낸 날. 징징징 멈추지 않는 떼에 도무지 이유를 찾지 못한 날. 부엌에서 아이에게 가는 길에 있는 4센티 놀이 매트에 발가락을 찧여 시퍼렇게 멍이 든 날. 그런 날엔 별것도 아닌 일에 마음에도 멍이 들었다. 왜 이러고 사는 건지 속이 상했다. 왜 나만 불행한 건지. 기분이 나락으로 떨어진다.

모두가 잠든 고요한 밤. 나이는 들었지만 여전히 마음 돌봄이 필요한 엄마인 내게도 '오늘 하루 잘 지냈어?'라고 묻는 안부가 필요했다. 아이 재우는 사이 드르렁드르렁 코를 골며 먼저 자고 있는 회사 일만으로도 벅찬 남편에게 나의 안부를 기대하는 건 무리였다. 내게 안부를 물어줄 사람이 아무도 없다면 내가 스스로 묻는 수밖에. 매일이 아니어도 좋다. 일주일에 한 번. 한 달에 한 번이라도.

'나야. 잘 지내고 있는 거야?'

분명 괜찮다고 잘 지내고 있다고 생각했다. 하지만 사소한 일에
도 기분이 오락가락하고 롤러코스터를 타는 걸 보면 나는 분명 괜
찮지 않았던 거였다. 어쩌다 행복이 느껴질 때도 어느새 금방 깨질
것 같은 불길한 예감 때문에 온전한 행복을 누리지 못했다. 툭 건드
려도 금방 눈물이 쏟아질 것 같은 애 엄마의 삶이었다.

하루하루 내게 안부를 묻는 일은 중요했다. 오랫동안 그렇지 못
한 날들이 계속 되었을 때 나는 어느새 바닥을 드러냈다. 아이를 온
전히 잘 돌볼 수 없는 상태가 되었다. 오늘은 어땠는지, 밥은 잘 챙
겨 먹었는지, 특별히 먹고 싶은 건 없는지, 요즘 장바구니엔 뭐가
담겨 있는지, 서운한 일은 없었는지, 나에게 묻는 애틋한 안부가
필요했다.

매일 밤. 나를 만나는 시간을 갖는다는 것. 글 쓰는 시간을 갖는
건 나에게 안부를 묻는 시간이다. 안부를 물으며 마음을 살피는 일
은 스스로를 정성스레 돌보는 일이다.

글쓰기를 이용한 셀프 엄마 돌봄 서비스.

내 마음을 알아주고 헤아려 주기에 나만큼 좋은 대상은 없을 테니까.

오늘도 시간을 내어 내게 묻는다.

당신의 오늘은 어땠나요?

글쓰기에 재능이 필요할까?

누구나 재능 하나씩은 가지고 태어난다고 한다. 인생을 쭉 돌아보면 나는 신이 실수한 거 아닌가 싶을 정도로 특별히 잘하는 게 없는 사람이었다. 학창시절에는 타고난 기질 때문이기도 하겠지만 뽐낼 수 있는 분야가 없었고 자신감도 없었다. '이렇게 조용한 아이가 있을까?' 싶을 정도로 얌전하게만 자랐다. 내면에 어떤 보석이 숨어 있는지도 몰랐고 그걸 꺼내 볼 용기조차 없는 사람이었다. 어쩌면 용기 없는 내가 스스로를 참 힘들게 만들었다. 글쓰기 또한 재능이 있어서 시작한 게 아니었다. 삶은 엉망진창이었고 내가 잘하는 걸 찾기 힘들어 읽기만 했다. 읽다 보니 써야겠다는 마음이 생겨났다. 능력이 없어도 꾸역꾸역 계속해 본 게 글쓰기다. 빈 화면을 보고 글을 쓰라고 하면 막막하다. 이 글을 쓰는 지금도 버벅거리며 쓰고 지우기를 반복한다.

  대학 전공을 물어보면 왠지 민망해진다. 전공을 선택할 때 국어를 선택했다. 이유는 수학, 영어, 과학, 역사는 국어보다 더 진절머리 나게 싫었기 때문이다. 국어를 잘해서 간 게 아니라 다른 과목을 더 못해서 어쩔 수 없이 국어 국문학과로 가게 되었다. 국문과라고 하면 좋아하는 시 한 구절은 있어야 하는데 나는 없었다. 면접을 준비하면서 그저 외우기 쉬운 시를 골라 외웠다. 지금도 기억난다. '나 하늘로 돌아가리라.' 좋아하는 시 한 소절 없는, 최애 작가도 없는 국문과 학생이라니. 국어의 문법, 현대시, 역사 등, 여러 갈래 중에서도 좋아하는 분야를 찾을 수 없었고 성적도 뻔했다. 나는 왜 잘하는 게 없고 좋아하는 게 없을까. 그렇게 초, 중, 고, 대학시절까지 총 16년을 존재감 없이 마감했다. 대학 졸업 시즌에 누구나 한 번쯤은 거쳐 간다는 공무원 시험 준비를 했다. 공부에 도통 소질이 없는 아이였기에 문제집에 파묻혀 보내는 시간은 그야말로 피폐한 날들이었다. 그러다 우연한 계기로 학과와 전혀 상관없는 직장에서 맨바닥부터 경리 일을 시작했다. 공부하고 시험보는 것보다 해볼 만하다는 생각이 들어 회계학원도 다니고 야근도 하면서 처음으로 열정을 가지고 배움에 돌입했다.

'글쓰기'를 재능 있는 사람만 해야 한다고 하면 나는 이 글을 쓸 자격이 없다. 글쓰기 흙수저. 글쓰기에 재능이 있다고 생각해 본 적은 단 한 번 없다. 어릴 적엔 부모님께 편지 쓰기를 좋아했고, 혼나기 싫어 일기 쓰기 숙제를 했다. 글쓰기로 상을 받아 본 기억도 없다. 재능이 있어서 글을 쓴 게 아니라 재능을 찾고 싶어서 글을 쓰게 되었다. 빈 종이 위에 나는 잘하는 게 아무것도 없는 사람이라고 하소연을 해 본다. 쓰다 보니 어느새 나는 꾸준히 글을 쓰는 사람이 되어 있었다. 글쓰기는 잘 써야겠다는 마음만 내려놓으면 된다. 내 생각을 진실되게 꺼내 놓는다는 마음으로 시작하면 누구나 할 수 있다. 빈 종이는 늘 나를 기다리고 있다. 언제라도 품어줄 준비가 되어 있다.

오늘도 빈 종이가 내게 말을 건넨다.
네가 왜 잘하는 게 없냐고.
지금까지 네가 써둔 글을 꺼내 보라고.
타닥타닥. 키보드 소리와 함께 들려오는 그 말이 오늘따라 참 고맙다.
그래, 쓰다 보면 나도 언젠가 잘 쓰는 날이 오겠지.

어깨에 힘 좀 빼시죠

'나처럼 하찮은 사람이 쓴 글을 누가 읽어줄까?'
'나보다 글 잘 쓰는 사람들이 세상에 널렸는데 굳이 나까지 글을
쓸 필요 있을까?'
'내 글이 누군가에게 도움이 될까?'
'이건 시간 낭비고 종이 낭비잖아.'

글쓰기 날씨 흐림 경보가 뜨는 날엔 내 글이 한없이 초라하게 느
껴진다. 그동안 써둔 글을 모조리 소멸시키고 싶다. 글쓰기에 쏟은
시간이 아까워진다. 그 시간에 잠이나 더 잘걸. 아무것도 하기 싫
어진다. 국민 육아 멘토 '오은영 박사님'은 아무것도 안 하는 사람
들은 게으른 게 아니라 완벽주의일 가능성이 크다고 했다. 나 역시

완벽하게 잘해야 한다는 마음이 너무 컸다. 그래서 아무것도 할 수 없었다. 내가 이뤄둔 성과물을 보잘것없는 것으로 만들어 버렸다. 학교에 들어가는 순간 오랫동안 비교만 당하는 경쟁하는 구조에서 살아야 한다. 잘해야만 살아남는 1등만 기억하는 세상. 나만의 고유한 색을 찾으려면 무엇이든 두려움 없이 도전해 보고 꾸준히 닦아나가야 한다. 하지만 비교, 완벽주의라는 두려움 앞에서 꼼짝도 할 수 없었다.

 책에 관한 글을 쓰고 싶었다. 지금 읽고 있는 책을 그대로 소개하면 되는데 나를 포장하고 싶었다. 이대로 보여주면 수준 낮은 내 모습을 들키는 것 같았다. 어려운 책도 읽어내고 통달해서 글을 쓰고 싶은 욕심이 났다. 하지만 어려운 책을 읽어야 하는 시작조차 어려웠다. 시작을 해도 앞으로 나아가지 못했다. 노벨 문학상이라도 받으려는 사람처럼 내게 어울리지 않은 옷을 입으려 했다. 그 덕에 글을 쓸 때마다 무너져 내렸다. 쓴 글을 누구에게도 보여주고 싶지 않았다. 못 쓴 글을 보여줄 바엔 안 쓴 사람이 되고 싶었다. 글쓰기는 결코 경쟁이 아닌 내 안의 이야기를 진실되게 툭 꺼내 두면 그걸로 충분한데 말이다. 나와의 합의가 필요했다. 글을 써서 꼭 유명 작가가 되어야 하고 그래서 돈도 잘 벌어 성공해야 한다는 생각부터 버려야 했다. 지금 상태로는 나의 능력과 저 높은 이상 사이에 괴리가 있어 아무것도 할 수 없었다.

　사람은 완벽할 수 없다.
　나 또한 완벽하지 않은 사람이다.
　내 글에 아무리 공을 들인다 해도 모든 사람을 만족시킬 수 있는
　글을 쓸 수는 없다.

　나는 전문 작가가 아니다. 글로 성공한 전문 작가 유시민, 강원
국, 이슬아처럼 대작가만 글을 쓸 수 있는 건 아니다. 전문가처럼
글을 잘 쓰겠다는 부담만 내려놔도 글쓰기 벽은 훨씬 낮아진다. 옆
집 아줌마도 마음만 먹으면 쓸 수 있는 게 글이다. 완벽하지 않지만
매일 글을 쓰는 옆집 아줌마가 되자고 마음을 고쳐먹는다. 마음속
에 담긴 메시지가 있다면 글을 써보자. 주변 어딘가에 있는 꾸준히
쓰는 사람이 되고 싶다. 나 같은 사람도 쓰고 있다고 말해주고 싶
다.

　대충 쓰자는 건 아니다. '와. 글 진짜 잘 썼다.'라는 남에게 듣고
싶은 평가를 기대하지 말자는 것이다. '나 정말 진심을 다해 글을
썼구나.' 라고 스스로 인정해 줄 수 있다면 그거면 되었다. 글에 대
한 관점을 바꾸는 것이다. 누가 알아봐 주지 않아도 나를 돌보는 마

음으로 나를 위해 스스로에게 글을 쓸 자격을 부여한다. 누가 뭐래도 나만 할 수 있는 이야기. 나의 기록, 나의 글이기에 소중히 다뤄야 한다. 내가 쓸 수 있는 최선을 다한다. 내 글이 남에게 도움이 되길 바라는 마음을 담았다면, 이제 그만 완벽주의를 버리고 글을 멀리 떠나보내도록 하자.

마음에 불편함이 찾아왔을 때 우리나라에서 최고로 유명한 정신과 의사의 진료 차례만 1년 넘게 기다리고 있는 건 힘겨운 일이다. 좀 더 현실적으로 때로는 나와 비슷한 고민을 가진 가까운 사람을 만나 차 한잔 마시며 툭 터놓고 이야기 나눠보는 것도 하나의 방법이 될 수 있다. 유명한 서평가의 전문용어로 빽빽한 서평을 5페이지로 가득 채운 글보다 '네게 힘이 될 거야. 이 책 꼭 봤으면 좋겠어.'라며 건네는 친구의 리뷰 한 줄이 그 책을 넘겨보게 할 확률이 더 클 지도 모른다. 어깨에 힘 빼고 스스로에게 해줄 수 있는 최선의 방법으로 나를, 그리고 우리를 응원해 본다.

종이 위에 마음을 쏟아내는 시간

남편과 살면서 내 성격이 참 더럽다는 걸 제대로 알게 되었다. 그동안은 표출할 대상이 없었던 거였다. 아이들 보는 앞에서 다툼도 자주 있었다. 가장 가까이에 있는 사랑하는 가족들이 화풀이 타깃이 되다니. 이대로 살 순 없었다. 기분을 처리할 수 있는 감정 쓰레기통이 필요했다. 어딘가에 쏟아내야 했다. 감정을 덜어내고자 찾게 된 글쓰기는 부담이 컸다. '내가 이런 글을 써도 될까? 누가 보면 어쩌지?' 부담은 나를 압박하며 흔적을 남기는 글쓰기를 막았다. 형식적인 글쓰기는 마음을 모두 펼쳐 놓을 수 없었다. 생각이 많아질수록 글쓰기는 더 어려워졌다. 붙잡고 늘어지는 부정적인 생각들은 나를 점점 더 초라하게 만들었다. 싸우면 싸울수록 나는 매번 지는 사람이었다. 흐르는 강물처럼 어디론가 떠나보내야 했다.

첫 자유 글쓰기. 쏟아내는 글쓰기를 만난 건 『아티스트 웨이』라는 책에서였다. 하루 세 페이지씩 멈추지 않고 글을 쓰는 것이다. 처음 시작은 당황스러웠다. 쓸 말이 없었다. '뭘 써야 할지 잘 모르겠다.'라는 문장으로 시작했다. 나를 욕하는 글도 썼다. 그렇게 점점 마음속 구석구석을 들여다보듯 마음의 방을 똑똑 두드리며 방문해 보았다. '아. 내 마음을 훤히 드러내도 아무 일도 일어나지 않는구나. 오히려 안전할 수 있구나.' 물론 누군가 내 글을 보게 될까 봐 두려움도 있었다. 하지만 내가 살면서 단 한 번도 꺼내지 못했던 이야기를 어딘가에 꺼내놓았다는 해방감이 두려움을 이기는 시간이었다.

글쓰기는 내 마음을 그대로 종이 위에 옮기는 작업이 먼저다. 생각나는 대로 일단 써야 한다. 처음 단계에서 검열을 하면 내 안에서 나올 수 있는 건 아무것도 없다. 안에 있는 것을 먼저 끄집어낸다고 생각하자. 그동안 닿아 있던 항구에서 가장 멀리 떠나본다는 마음으로 시간을 정해놓고 쓸 수 있는 최대한 많은 글을 써 보는 것. 그 시간만큼은 마음에서 가장 먼 곳까지 떠날 준비를 한다. 사실 쉽지 않은 일이다. 며칠 쓰다 보면 쉽게 변하지 않는 마음에 '이걸 해서 뭐 해?'라는 생각도 든다. 나의 민낯을 있는 그대로 대면해야 할 때는 불편한 마음에 피하고 싶다. 그렇게 꾸역꾸역 숨어 있는 마음속 어딘가를 찾아가 손 내밀고 종이 위로 꺼내두면 어느덧 마음이 후련해지기도 한다. 마음이 가는 대로 이끄는 대로 모든 것을 다 쏟아내도 괜찮다. 쏟아내는 글쓰기 경험을 해야 내 안의 또 다른 나를 만날 수 있다. 또 다른 나는 내가 몰랐던 진정한 나였을 지도 모른다.

바쁘게는 사는데 돌아보면 뭐 하고 산 건지 남는 게 없다. 생각 정리가 안 된다. 매일 화, 분노, 우울에 휩싸여 있다. 이렇게 살면 안 될 거 같아서 변화가 필요해서 쓰기로 마음을 먹었다. 펜을 들고 또는 키보드 앞에 앉아 일단 써야 한다. 글쓰기의 장점 중 하나는 먼저 내질러 놓고 다시 다듬을 수 있다는 점이다. 말은 다시 주워 담으려면 어떻게든 더 많은 변명을 늘어놔야 하는데 글은 다시 다듬을 수 있는 기회가 있다. 하루 동안 쌓인 마음의 노폐물이 많다면 종이라는 감정 쓰레기통에 시원하게 털어놔 보자. 형식이 없는 자유로운 글쓰기는 내 마음 구석구석을 돌아다닐 수 있다. 떠오르는 대로 물 흐르듯 자연스럽게 글을 써 내려간다. 그럴 때 우리의 마음은 글쓰기로 조금씩 치유될 수 있다. 멈추지 않고 글을 쓰는 시간은 곧 나에게 푹 빠지는 시간이다.

내 안의 검열자를 외면할 수 있다면

"뭐 먹을래?"

"아무거나 다 좋아요."

나의 단골 멘트. 나는 솔직하지 못한 사람이었다. 남에게 불편한 마음을 털어놓지 못했다. 부정적인 마음을 드러내면 상대와 관계가 불편해지는 것 같아 표현하지 못했다. 불편한 마음을 혼자 속으로 삼키는 게 익숙한 사람이 되었다. 소심한 내가 세상과 어울려 살아가기 위해 택한 본능적인 방법이었다.

마음과 따로 노는 친절한 말로 착한 인간이 되기 위해 노력했다. 투명한 마음처럼 원래 착한 재질의 인간이면 참 좋았을 텐데. 그렇지 못한 나는 바깥 생활이 늘 힘들었다. 남들을 더 신경 쓰다 보니 집으로 돌아오면 늘 녹초가 되었다. 그래서 사회 초년생 때 술을 마시는 게 오히려 좋았다. 술을 마시면 더 솔직해질 수 있었으니까. 안 나오던 말도 한마디 던질 수 있으니까. 술기운에 조금 우스꽝스러워져도 괜찮았다. 하고 싶은 말을 한다는 것에 스스로 용납이 되었다.

때로는 술로 때로는 마음과 입을 닫으며 시간을 견뎌본다. 그래도 마음 어딘가에 응어리가 남아 있었다. 꿍한 구석이 있었다. 복잡하게 엉킨 감정 실타래를 풀어보고 싶었지만 어디서부터 손을 대야 할지 엄두가 나질 않았다. 결혼하고 아이를 키우다 보니 잊고 지내려 노력했다. 한 번씩 불쑥 올라와도 모른 척 다시 꾹 눌러 놓았다. 서운하고 불편한 감정들은 바로 풀어야 하는데 그럴 수가 없었다. 나에겐 온전한 기쁨이 없었다. 어딘가 늘 불안하고 울적한 구석이 있었다.

쓰다 보면 마치 세상에서 가장 쓸모없는 일을 하고 있다는 생각이 들 때가 있다. 그럴 때면 어김없이 내면의 검열자가 작동한다.

"너~ 너~ 너~. 이런 험악한 내용 써도 돼? 감당되겠어?"
"남들이 이상하게 생각할 텐데. 분명히 널 싫어할 거야."

"네가 글 쓴다고 변하는 건 하나도 없어. 이제 그만 징징댈 때도 되지 않았니?"

글 쓸 시간에 거실 바닥이나 한 번 더 닦고 쌓인 설거지나 치우지. (집안일을 미뤄두고 글을 쓸 때면 검열자의 소리가 더 크게 들려온다.) 아무리 꽁꽁 숨겨도 내가 죽으면 누군가 보게 될 텐데. 마음을 털어내고 비우려고 일기장에 글쓰기를 시작했다가 언젠가 내가 써 논 글을 남이 보게 되면 어쩌나 싶어 새로운 불안이 생기기도 한다. 이쯤 되면 불안의 노예가 된 게 틀림없다. 일기장에조차 마음을 선뜻 내어주지 못한 내가 싫다.

남에게 싫은 소리 못하고, 폐 끼치는 걸 가장 싫어하는 부모님을 보며 자란 나는 늘 좋은 사람이 되고 싶었다. 어른이 되어보니 알겠다. 좋은 사람으로 살아가기엔 세상은 내게 너무 많은 희생을 강요한다는 것을. 나는 희생하며 살아가야 하는 삶을 받아들이기 힘든 사람이라는 것을. 억지 희생 없이 순수하게 좋은 사람이었으면 얼마나 좋았을까. 내면은 건강하고 좋은 사람이 아니면서 겉으로만 좋은 사람이 되고 싶은 환상을 가지고 있었다. 그 사이의 경계 사이에서 스스로를 힘들게 만들었다. 늘 내가 더 잘해야 될 것 같았다. 사람들 관계 속에서 못한 것만 기억했다. 잘 못해서 실망시킬 바엔 상황을 회피하고 싶었다. 착한 아이 콤플렉스에서 벗어나지 못하고 있었다.

글을 쓸 때도 그랬다. 내 글을 읽고 기분 나빠할 사람은 없는지. 누군가 상처받지는 않을지. 나는 이런 말을 해도 되는 사람인지. 다른 사람들의 평가가 두려워 온전히 마음을 꺼내두지 못했다. 마음의 깊이가 10이라면 3 정도에 발을 살짝 담갔다가 빼냈다. 그 밑에 깔린 마음까지 들여다보기가 두려웠다. 깊은 마음이 담기지 않은 글은 쓰는 나도 읽는 나도 마음에 들지 않았다. 글에 집중하지 못했고, 민망함에 글을 다시 보고 싶지 않았다. 글과 나, 타인 사이에서 어정쩡한 사람이 되었다. 세상 사람들과 살아가는 데 자신이 없었던 것만큼 내 글에도 자신이 없었다.

내면의 비판자가 나를 찾아왔을 때 담담하게 '아. 또 왔구나. 또 올 줄 알았어. 나도 내가 한심한 거 잘 알고 있어.'라면서 자연스럽게 받아들여야 한다.

'나 이제야 겨우 마음 속 조금 더 깊은 곳으로 가보려고 해.'
'딱 10분만 발 담그고 올게.'
'이 글만 쓰고 끝낼게. 그때까지만 조용히 있어줄래?'

조용히 덤덤하게 내면의 비판자를 달래 본다. 남들은 생각보다 내 글에 관심이 없다. 남들이 뭐라고 하든 '그게 뭐 어때서?'라고 받아들여야 한다. 내 글은 세상 사람들 모두를 만족시킬 수 없다. 나와 닮은 마음의 결을 가진 단 한 사람의 마음에 닿으면 된다. 그거면 된다. 무자비하게 남을 비난하거나 남에게 상처 주는 표현을 쓰자는 건 아니다. 적어도 내 안의 검열자 때문에 마음을 숨기지는 말자는 것이다.

이제는 좋은 사람이 되고 싶어서가 아니라 그저 나로 살아가기 위해 글을 쓴다. 나를 향한 엄격한 검열자는 잠시 재워둔다. '에라, 모르겠다.' 눈 딱 감고 마음을 글로 표현해 끄집어낸다. 글로 충분히 표현한 다음 종이 위에 쓰인 글을 나만 볼 건지, 세상 사람들에게 공개할 것인지 결정할 때. 그때 검열자를 만나도 된다. 그 전에 나를 미리 가두지 말자. 늘 좋은 사람이 되고 싶다는 부담감. 자기 포장은 잠시 벗어두려 한다. 글을 쓸 때만이라도 좋은 사람이 아닌 솔직한 내가 되어야 한다. 나에게 좋은 사람이 진짜 좋은 사람이기 때문이다.

나를 찾아가는 연습 : MBTI

한때 MBTI에 푹 빠져 있었다. 내가 아는 사람들부터 연예인들 MBTI까지 궁금해서 검색해 보기 시작했다. 세상 사람들 전부를 16가지 유형으로 딱 나누어 분류할 수는 없을 것이다. 또 내가 바라보는 나, 내가 판단한 나로 결과가 나온다는 함정도 있다. 하지만 나라는 사람을 글로 풀어서 설명해준다는 점이 흥미로웠고, 결국 푹 빠져서 나를 연구하기 시작했다. 처음 한 MBTI 결과는 INFJ였다.

I: 어릴 때는 내향적 인간이라는 게 굉장히 초라하고 못나보였다. 자기 할 말도 못하는 바보 같은 캐릭터. 인맥 많고 말 많고 목소리 큰 사람들이 부럽기도 했다. 누굴 만나고 오면 에너지가 방전되어 혼자 있으면서 에너지를 충전하는 시간이 꼭 필요했다. 그래서

내가 이상한 사람인 줄 알았다. 항상 왜 나는 남들과 어울리는 게 이렇게 피곤하고 힘든 걸까? 못나 보이는 나를 괴롭혔다. MBTI가 유행하면서 수많은 I인 사람들을 볼 수 있었다. I인 사람들도 E만큼 이나 자기 개성이 강하고 남들과 오래 어울리지 못하고 혼자 지내도 괜찮은 사람들이 많다는 걸 알게 되었다. 한 번도 생각해보지 못했던 내향형의 장점도 찾아본다. 일단 자기가 한 말을 끝까지 지키고 싶은 마음에 책임감이 높다. 또 어떤 판단을 할 때 신중하다. 다른 사람에게 공감을 잘 한다. 말을 잘 들어준다. 외향과 내향은 자신의 내부에서 끌어오느냐 외부에서 끌어오느냐의 차이였다. 단지 그 차이일 뿐이구나. 내향형 인간이라서 부끄러운 건 아니었다.

N: 직관형. 하루 종일 무슨 생각이 그리도 많은지. 헛생각만 하고 있는 방구석 공상가인 내가 마음에 들지 않았다. 단순하게 현실적으로 생각하고 단칼에 답을 내는 사람들의 판단력이 부럽기도 했다. N으로 나온 결과를 보고 인정하기로 했다. '나는 원래 생각이 많은 사람이구나.' 화수분처럼 자꾸만 차오르는 생각을 잘 끊어내고 나만의 방식으로 정리하는 방법을 고민하기로 한다.

F: 감정, 가치를 중시한다. 어릴 적 툭하면 울었다. 어른이 되어서도 의지만으로 고쳐지지는 않았다. 나이가 들면서 횟수로는 줄

었지만 감정선이 툭 건드려지면 (주로 부모님 이야기나 아이에게 미안한 마음이 들 때면) 눈물이 주르륵 나온다. T와 F를 공감능력의 차이라고도 한다. 남편은 INTJ다. 가운데 T랑 F만 달라 현실과 이상의 괴리에서 발생되는 다툼이 많다. 하여튼 둘 다 만만치 않은 성격이다. 어떤 문제를 바라보는 시각자체가 하늘과 땅 차이로 다르기 때문에 "그게 아니라고 현실을 보라고!" "아니, 왜 공감을 못하냐고!" 서로 커다란 벽을 사이에 두고 소리치는 기분이다.

J: 판단, 계획 세우기를 좋아한다. 어떤 일을 시작할 때 계획을 세우고 진행하는 편이다. 내 방에는 메모지가 많다. 오늘 할 일부터 이번 달에 할 일, 이번 주 식단, 주말에 가볼 곳, 읽을 책 목록 등등. 계획 없이는 아무것도 못하는 스타일이다. 문제는 계획만 많고 실천하지 않는다는 점이다. 계획만 세우다 끝나는 경우가 많다. 하지만 계획을 세우는 것만으로 큰 만족감을 느끼고 있다.

어떻게 나를 알아가기 시작해야 할지 잘 몰랐다. INFJ의 뇌 속 관찰, INFJ의 장단점, 유형별 잘 맞는 사람의 특징 등. 인터넷에 떠도는 MBTI 정보를 보면서 나를 알아간다. MBTI로 나를 객관화 시켜보고 내 모습을 인정하기로 했다. 내가 갖고 있는 장, 단점을 파악해 본다. 나를 찾아가는 글쓰기의 시작이다. 계속 관심을 가지면서 INFJ에 대한 책 한 권을 써보고 싶을 정도로 푹 빠졌다. 충격적인 사실은 검사를 다시 하면 유형이 바뀔 수 있다는 것. INFJ를 한참 연구했는데 어느덧 다른 유형의 내가 되어 있다면. INFJ였던 나는 어떤 기분일까.

일상에서 보물찾기

　유튜브를 시작하고 35년간 모르고 살았던 나의 장점 한 가지를 발견하게 되었다. 바로 목소리. 첫 영상을 찍을 때는 열정이 과해 라디오 DJ라도 된 듯 목소리로 내레이션을 했다. 댓글에 목소리가 좋다는 평이 많았다. 5년이 지난 지금도 목소리가 좋다는 댓글이 종종 달린다. 매일 누군가와 대화하며 살아왔지만 목소리 좋다는 이야기를 들어본 적은 없었다. 유튜브를 하면서 처음 알게 되었다. '오. 나 목소리 좋은 사람이었구나.' 평범하게 흘러가는 일상에서도 새로운 시선은 곧 새로운 발견이 된다. 일상에서 보물을 찾듯 특별한 순간이 올 수 있다. 나에게는 유튜브와 글쓰기가 보물이 되어 주었다.

『엄마의 심야책방』책에서 '인생은 의미 찾기 게임이다.'라는 문장을 썼다. 매일 똑같아서 도무지 쓸거리가 없을 것 같은 일상에서 살짝 시선을 옮겨본다. 지구상에 똑같은 날씨는 단 하루도 없다. 우리는 비슷한 듯 매일 다른 날을 살아가고 있다. 삼시 세끼 먹는 밥도 누구와 어떤 이야기를 나누며 먹느냐에 따라 달라진다. 점심을 혼자 먹는 내게 유튜브 영상은 밥 친구가 되어준다. 유재석, 신동엽 아저씨도 만나고 아이돌 가수도 만난다. 〈세상을 바꾸는 15분〉 프로그램도 즐겨 본다. 보면서 인상 깊은 구절은 어딘가에 옮겨 적는다. 멍하니 흐르던 일상에서 소중한 메시지를 발견하게 되는 순간. 컵라면에 냉동 밥을 돌려 한 끼를 때우는 하찮은 점심시간도 더없이 소중한 시간이 된다.

신발을 살 때가 되면 남들이 신고 다니는 신발만 보인다. 차를 바꿀 때가 되면 도로 위의 차들만 눈여겨보게 된다. 매일 하던 설거지를 하면서도, 빨래를 정리하면서, 청소기를 밀면서도 글을 쓰겠다고 마음먹으면 '뭘 쓰지?'라는 생각이 머릿속 한 곳에 자리를 잡는다. 그러면서 일상에 관심을 가지게 된다. 즉 글쓰기를 하면서 모르던 세상을 새롭게 발견하게 된다. 일상에서 건져 올린 새로운 발견은 지루한 일상을 버티는 힘이 되어주기도 한다. 내가 인기 없는 유튜버 생활을 오래 지속하고 있는 것처럼.

평범한 일상도 특별한 무기가 될 수 있다. 일상에서 나만의 콘셉트를 찾고 꾸준히 플랫폼에 공개해 보자. 똑같이 굴러가는 일상에서도 '낯설게 보기'라는 눈과 마음을 장착한다면 일상은 그리 단순하지 않다. 아이가 생기면 아이의 웃음소리, 우는 표정 하나하나까지도 놓치고 싶지 않다. 사랑은 관찰에서 시작된다. 내 일상을 천천히 관찰해 보자. 마치 처음 겪는 하루처럼 낯설게 바라보자. 인터넷 기사에 나올 법한 사건 사고가 아니어도 우리 일상은 충분히 각자의 자리에서 빛나고 있다. 일상에서 무언가를 발견하는 눈과 마음을 가지는 게 훨씬 중요하다.

남들과 똑같은 24시간. 하루를 보내면서 나만의 소중한 점을 찍는 순간들이 많아지길 바란다. 오늘 하루는 무엇이 내 글감이 되어 줄까? 일상 곳곳에 숨어 기다리는 소재를 보물찾기 하듯 천천히 둘러본다.

메모는 나의 힘 : 글감 노트

어떤 날은 쓰고 싶은 단상들이 마구 떠오를 때가 있다. 주체가 안되는 날. 사실 그런 날은 몇 안 된다. 대부분의 날은 책상 앞에서 쓰고 싶은 걸 아무리 쥐어짜도 쓸 만한 소재가 없다. 쓰고 싶은 이야기가 없다. 일의 분배를 위해 글감노트에 메모를 한다. 문득 떠오르는 생각들을 잡아두면 글쓰기 소재가 없을 때 도움이 된다. 아이디어가 생기면 최대한 붙잡고 늘어져서 종이 위로 최대한 꺼내두는 게 좋다. 오래 지난 글감노트를 펼쳐보면 '누가 쓴 거지?'하고 그날의 감각이 또렷하게 기억나지 않기 때문이다.

쓰고 있는 글감노트를 펼쳐 보면
- 아이의 말이나 행동: "엄마, 나 어린이집 잘 갔다 올게. 엄마도

잘 기다리고 있어."

- 돈 모아서 살 것: 노트북, 큰 책상, 카메라 등

- 책 읽으면서 떠오른 생각: 생의 목표를 정하자

- 남편과 싸운 이야기: 부부노트를 만들어 보자

- 이달의 목표: 자전거 배우기

- 영상에서 본 메시지: 아이의 문해력을 키우자

다양한 분야의 소재들이 써 있다. 주로 노트에 기록하는 걸 좋아한다. A5 작은 노트에 글쓰기 소재가 떠오르면 간단히 메모해 둔다. 설거지를 하다가도 빨래를 개다가도 문득 생각이 떠오르면 글감노트로 금방 달려와 메모를 한다. 특히 샤워할 때 좋은 생각이 많이 나는데 아직 샤워실까지 연습장을 들고 들어가 본 적은 없다. (그래서 소재가 아직 이 모양인가.) 집에서는 책상 위 책꽂이에 꽂아두고 외출 시에는 가방에 쏙 넣어 다닌다. 아이디어가 언제 떠오를지 모르니 기록할 노트가 없으면 불안하다.

휴대폰 앱으로는 '에버 노트'를 이용했다. 식당에서 받았던 친절한 기억, 길 가다 보인 사람들에 대한 독특한 말이나 행동들에서 느낀 감정들. 오늘의 날씨와 내 기분에 관한 이야기 등. 밖은 훨씬 많은 소재가 있었다. 하지만 집에 돌아와 글을 쓰려고 하면 '내가 이

걸 왜 적었더라?' 생각이 나지 않는 경우가 많았다. 아무래도 노트북으로 글을 쓰는 데 익숙해져서 휴대전화에 남기는 짧은 메모가 익숙지 않았다. 지금은 에버노트는 사용하지 않는다. 노트가 없이 밖에서 급히 메모할 때는 나에게 보내는 '카톡 창'을 이용한다.

A5 글감노트 한 권이 다 채워졌다. 글쓰기 숙제가 밀려 있다. 얼른 써야 하는 부담도 있다. 한 편으로는 마르지 않는 샘물처럼 아직 써야 할 글감이 남았다는 것에 안도감도 든다. 글을 쓰기 위한 생각 모음집. 가득 채워진 글감노트만 봐도 뿌듯해진다. 뭘 써야 할지 모를 때 방황하는 내게 작은 길을 만들어 준다. 통장에 차곡차곡 저축하듯 스쳐 지나가는 생각들을 열심히 모아 글감노트에 기록한다.

100일 한 문장 쓰기 프로젝트

첫 책을 내고 나서 바로 두 번째 책을 쓰자고 호기롭게 도전한 지 벌써 5년이 지났다. 이 정도면 포기할 법도 한데 글쓰기에 대한 길고 질긴 미련은 아직 남아 있다. 너무 오래 끌어 왔다. 하루 한 편 글쓰기라는 목표는 몇 번이고 시도와 실패를 반복했다. 정말 안 되겠다 싶어 새로운 100일 프로젝트를 시작했다. 전에 실패만 하던 100일 글쓰기 프로젝트는 매일 한 편의 글을 써내는 거창한 다짐이었다. 나는 결국 낙오되고 끝까지 살아남지 못했다. '100일 한 문장 쓰기 프로젝트'는 100일 동안 수첩에 내가 정한 한 문장을 8번씩 적는 것이다. 아침에 책상에 앉으면 글쓰기를 하기 전 치르는 의식처럼 행해진다.

100일 수첩은 원래 100일 동안 공부 스케줄 관리하는 스케줄러였다. 지금은 용도가 내가 정한 목표 한 줄을 8번씩 쓰는 것으로 바뀌었다. 100일 글쓰기 프로젝트가 아닌 100일 목표 한 줄 쓰기 프로젝트다. 한 번 정한 목표를 100일 동안 잊지 않기 위한 프로젝트.

지금 쓰고 있는 목표는
'나는 글쓰기 작가가 된다.'
'딸 함묵증 극복'이다.

두 문장을 하루 8번씩 100일 동안 쓴다. 상쾌한 아침, 맑은 정신에 가장 먼저 뇌에 입력해 본다. 며칠 쓰다 또 한 문장 쓰는 것조차 잊어버리고 밀려서 5일 치를 한꺼번에 쓴 적도 있다. 1일 차에는 정자로 또박또박 쓰다가 나중에는 지렁이 기어가는 것처럼 흘려 적는다. 형식적으로 종이를 채우고 있다. 건성으로 쓰면 무슨 소용이 있겠냐 싶다 가도 이거라도 놓치지 말자고 다짐한다. 책상에 앉으면 자동으로 100일 달력에 손이 간다. 습관이 만들어지면 하루라도 안 쓰면 찝찝하다.

100일을 다 채운다고 극적 효과가 나타나지는 않았다. 100일이 지나도 나는 글쓰기 작가가 되지 못했고, 딸의 함묵증이 완전히 나아지지 않았다. 하지만 나는 100일 동안 그 목표를 잊지 않았다. 아직 결과물은 없지만 나는 글쓰기를 계속하고 있다. 딸의 어린이집 생활도 조금씩 나아지고 있었다. 매일 아침 '나한테 이런 목표가 있었지?' 하루 한 번 일깨워주는 역할을 한다. 100일을 쓰는 동안 목표를 이루었다면 또 다른 목표 하나를 추가하면 된다. 남편에게 다정하게 말하기, 커피 줄이기, 운동하기 등 해야 할 일들이 많다.

쓰는 사람이 되고 싶었다. 막연하게 꿈을 꾸다 내가 할 수 있는 가장 쉬운 일이자 기본 적인 일을 시작했다. 하루 한 문장 씩 적어보는 것. 하루에 글 한 편은 못 쓰더라도 '정해진 한 문장 정도는 꾸준히 쓸 수 있겠지?' '이것도 못하면 너 진짜 더 이상 글 쓴다는 말 하지 말고 깨끗이 포기하자.'라는 심정으로 시작하게 되었다.

이루고 싶은 목표가 있다는 것은 한 쪽은 꿈을 가진 행복한 사람이 된다. 한편으론 결핍이 있는 불행한 사람이 되기도 한다. 나는 전자가 되기 위해 100일 한 문장 목표를 긍정적인 마음으로 써 내려갈 것이다. 내가 할 수 있는 가장 작은 단위를 목표로 잡아 본다. '와. 오늘 적어도 이건 성공이다!' 라는 성공 습관을 만들어 본다. 작은 성공은 또 다른 성공으로 이어줄 것이다. 성취감은 사람을 점점 앞으로 나아가게 하는 힘이 있다. 200일 동안 한 문장을 썼는데도 나는 여전히 글쓰기 작가가 되지 못했다. 하지만 200일 전엔 제대로 된 글 한 편도 가지고 있지 않던 나에게 50편이 넘는 글이 쌓였다.

당신이 이루고 싶은 한 문장은 무엇인가?

오롯이 나를 만나는 시간

주말 48시간 내내 아이들과 붙어 있는 날. 꼭 한 번은 분노가 폭발하고 만다. 몇 번의 화와 죄책감이 반복되고 남편에게 미리 양해를 구했다. 주말에 딱 1-2시간만 혼자 있게 해달라고. 나는 그 시간에 책을 읽든 글을 쓰든 핸드폰을 보든 혼자만의 시간을 보낸다. 에너지를 충전하고 다시 시끄러운(?) 그들을 맞이할 준비를 한다.

처음에 남편은 그런 나를 이해하지 못했다. 왜 자기 혼자서 애들을 데리고 나가야 하냐고 격하게 거부했다. 남편 역시 육아가 쉽지 않은 사람이었다. 둘 데리고 외출은 당연히 버겁고 힘들어했다. 애들 데리고 나갔다 온다고 해놓고 차 안에서 영상만 보여주다 집으로 다시 돌아오는 날도 있었다. (그럴 거면 집에서 보지.) 이제는 남편이 한두 시간 외출을 다녀오면 본인이 가장 뿌듯해 한다. 그 덕에 아내도 에너지가 충전되고 아이들도 더 잘 논다는 걸 스스로 깨달았다. 나에게 혼자 있는 시간을 보충해주면 모든 상황이 더 악화되지 않는다는 걸 안 것이다. 애들 데리고 키즈카페도 다녀오고, 날씨 좋으면 공원 가서 킥보드도 태우고, 놀이터도 다녀오고, 시댁도 다녀온다. 남편의 육아 능력이 점점 진화되고 있다. (혼자서도 참 잘했어요. 우쭈쭈쭈. 칭찬을 듬뿍 해줘야 한다.)

처음엔 아이들을 남편 손에 보내면서도 '나는 모성애가 없는 사람인가.' 남편과 아이들에게 미안한 마음이 가득했다. 이제는 오히려 당당하게 요구한다. 그 시간을 필사적으로 지켜야만 육아에 찌든 엄마가 아니라 육아로 행복한 엄마가 될 수 있다는 걸 누구보다 잘 알기 때문이다. 아이 키우는 엄마들에게 혼자만의 시간이 꼭 필요하다. 엄마도 주부도 아내도 아닌 내가 되는 시간. 이 자리를 빌려 남편에게 다시 한번 감사의 인사를 전한다. (여보, 이번 주도 잘 부탁해.)

평일에 지키는 나만의 시간은 새벽이다. 새벽은 글쓰기 습관을 들이기 가장 좋은 시간이다. 하지만 새벽에 못 일어나는 날도 많았다. 아이들을 등원시키고 나면 밀린 집안일에 인터넷 장도 봐야지 핸드폰으로 핫한 기사거리도 봐야지. 하루가 후다닥 지나간다. 낮과 밤에는 아무래도 방해 요소들이 곳곳에 자리 잡고 있었다. 남편, 가족들, 친구, 지인, 선생님, 카드회사, 택배 아저씨, 스팸 전화 등등. 처음엔 비장하게 새벽 4시에 일어나서 글을 썼다. 결과는 하루 종일 비몽사몽하는 바람에 역효과가 났다. 심지어 아프기까지 했다. 지금은 새벽 5시에 눈을 뜬다. 눈 뜨자마자 핸드폰 보는 습관은 여전히 고치지 못해 꾸물거리다 5시 30분쯤 의자에 앉는다. 새벽의 좋은 점은 나를 방해할 사람이 없다는 것. (가끔 둘째가 깨서 방해하기도 하지만) 휴대폰도 조용하고 머릿속도 리셋되어 있고, 마음도 고요한 시간. 새벽에 글 한 편만 써놔도 오늘 숙제는 끝났다는 마음으로 하루를 시작한다.

'글 쓸 시간이 어디 있어? 도대체 언제 써야 해?' 아이의 입원, 병원 투어, 학교 행사 등. 여러 가지 사정으로 이벤트가 생기는 날에는 글을 쓰지 못해도 괜찮다. 나를 만나는 시간을 소중히 여기면 급한 불이 꺼지면 언제든 다시 쓰는 사람으로 돌아갈 수 있다. 나를 중심으로 내 생각과 감정을 소중히 여기는 시간. 글쓰기 엔진을 끄지 않는다면 잠시 쉬어갈 수 있지만 멈추지는 않을 것이다.

꿈꾸는 방구석 집필실

〈해방타운〉이라는 TV 프로그램이 있었다. 독립적인 공간을 나만의 취향으로 꾸밀 수 있는 그곳. 영상을 보면서 '저 공간과 시간이 나에게도 주어진다면 얼마나 좋을까.' 대리 만족을 느끼면서 푹 빠져 보았다. 하지만 TV를 끄고 현실로 돌아오면 그들은 연예인이고 나는 일반인이라는 이질감만 남아 있었다.

작가가 되었을 때 로망이 있었다. 커피 향이 진하게 느껴지는 어느 카페의 작은 테이블에 앉아 글을 쓰는 것. 잔잔한 음악이 흐르고 옆 테이블의 수다는 들릴 듯 말 듯한 백색소음이 된다. 아메리카노 한잔을 시켜두고 가끔 창밖의 지나가는 사람들을 바라보며 키보드를 두드리는 상상. 글 좀 쓴다는 사람들은 노트북을 챙겨 집 앞 카페로 가서 일을 하는 사람들이 많다. 인스타그램을 통해 실제 작가들이 일하는 카페 글쓰기 샷도 자주 보게 되었다. '저게 진짜 작가지.' '나는 언제쯤 저런 공간에서 글을 써볼까.' 방구석 무명작가는 여전히 그들이 부럽기만 하다.

나는 집구석 방 한쪽 책이 널브러진 책상 위 노트북을 놓고 글을 쓴다. 이 책에 담긴 글은 모두 이 방구석에서 작성했다. 첫 책을 쓸 때도 집에서만 썼다. 외부로 나갔을 때 환경의 영향을 너무 많이 받는 성격 탓이라 밖은 편하지가 않았다. 또 나는 글을 쓸 때도 상당히 부잡스럽다. 글 조금 쓰다가 문득 생각나는 책이 있으면 바로 찾으러 가서 책장을 몇 장 넘기다 또 글 쓰러 돌아온다. 또 집중력 떨어지면 밥 먹으러 가기도 하고 갑자기 서랍 정리를 한다. (이래서 집에서 쓰면 안 된다는 건가?) 척추 측만증이 있어서 조금만 오래 앉아 있어도 허리에 마비가 오는 것처럼 둔해진다. 그럴 때면 집에서 좀 걷거나 보조 책상을 받쳐 일어서서 글을 쓴다. 카페에서는 다른 테이블을 돌아다니며 산책을 할 수도 없는 노릇이다. 또는 일어서서 책상은 낮은데 팔을 길게 늘어뜨려 노트북을 두드릴 수도 없으니 참 난감한 일이다.

나만의 글쓰기 공간을 찾기 위해 집에서 참 부지런히 옮겨 다녔다. 아이가 어릴 때는 아일랜드 식탁 위 1구 인덕션 바로 옆에 노트북을 두고 글도 쓰고 영상도 만들었다. 서서 일하고 싶을 때는 단단한 박스를 놓고 노트북을 올려두고 작업을 했다. 서서 글을 쓰다 보면 다리가 아파 다시 하나둘 짐을 내리고 의자에 앉게 된다. '꼭 이렇게까지 해야 하나?' 싶을 정도로 웃기는 글쓰기 공간이었다. (버튼을 누르면 올라가고 내려오는 편리한 책상을 검색해본다. 단점은 비싸다는 것.) 아이가 낮잠을 자야 하는 쪼꼬미 시절엔 안방 바닥에 이불을 깔고 작은 상을 펴두고 벽에 기대 글을 썼다. 지금은 미래의 아이 방으로 돌려줘야 할 방 한 칸에 책을 쌓아두고 큰 책상을 놓고 글을 쓴다. 둘째가 한 번씩 묻는다. "엄마. 왜 내 방은 없어?" 섬뜩한 질문에 좀 더 크면 만들어 준다고 얼버무린다. 아이들이 커갈수록 언제든 글쓰기 방을 빼앗길 수 있다는 불안함이 엄습해 온다.

카페, 도서관, 집 어디든 내 마음을 잠시 쉬게 해 줄 나만의 공간이 있어야 한다. 그 곳에서 내가 할 수 있는 이야기를 마음껏 털어놓자. 글을 쓰는 순간은 연예인의 '해방타운'도 부럽지 않은 나만의 소중한 공간이 되어준다. (버튼 누르면 올라가는 키 높이 책상을 놓는 그날까지 파이팅!)

세상을 향한 스위치 잠시 off

아침에 일어났는데 왼쪽 네 번째 손가락에 통증이 온다. '다친 적도 없는데 손가락이 왜 아프지? 좀 놔두면 괜찮겠지.' 며칠이 지나도 기분 나쁜 통증이 남아 있다. 그러다 정확한 이유를 찾게 되었다. 아이들이 잠들고 침대에 누워 늘 하던 대로 핸드폰을 들었는데 휘어진 손가락이 눈에 들어왔다. 밤에 누워서 핸드폰을 오래 본 날 통증이 생긴 것이다. '나 정말 심각한 수준이구나.' 다시 한번 깨달았다. (목은 점점 거북목이 되어 간다.)

신박한 맥주 광고를 봤다. 유명한 골프 대회의 마지막 공이 들어가는 순간. 모두가 핸드폰을 들고 한 순간이라도 놓칠세라 촬영을 하고 있다. 그때 딱 한 사람만 맥주 한 캔을 들고 생 두 눈으로 짜릿

한 순간을 온전히 즐기고 있었다. 핸드폰에 집착하지 않고 멀리 거리를 두는 사람들이 요즘 참 대단해 보인다. 하루 동안 핸드폰 사용한 시간을 측정해 주는 어플이 있다고 한다. 궁금하지만 생각했던 것보다 더 최악의 결과일 것 같아 설치하지 않았다. 나는 틈만 나면 핸드폰을 들여다본다. 글을 쓰다가 조금이라도 터덕거리는 순간이 오면 바로 옆에 있는 핸드폰을 누른다. 꼭 필요해서 만지는 것도 아니다. 카톡이 왔는지, 문자가 왔는지, 시계라도 보기 위해 핸드폰을 만진다. 충전 중에 멀리 떨어져 있으면 어쩐지 불안하다. 이 정도면 핸드폰 중독이 맞는 거 같다.

휴대전화에 빠져 도대체 뭘 하는 걸까. 먼저 인스타그램에는 나를 즐겁게 해 줄 콘텐츠가 하루 종일 넘쳐난다. 새로운 콘텐츠가 무한 생산되고 있기 때문에 지루할 틈이 없다. 뇌가 고장 난 탓인지 이제 유튜브 영상조차 길게 느껴지고 인스타의 짧은 글과 릴스에 푹 빠져 있다. 피드뿐 아니라 댓글도 즐겨 보는 편이니 몇백 개의 댓글까지 읽고 나면 한두 시간은 훌쩍 지나간다. 온라인에서 놀다 보면 만족은 없고 끊임없이 새로운 걸 원하는 내가 보인다. 새로운 걸 받아들일 때 분비되는 도파민에 중독된 것이다. 보면 볼수록 뇌는 자꾸 갈증을 느낀다. 몇 시간이 지나 핸드폰을 덮으면서 꼭 후회한다. 얼마 지나지 않아 다시 핸드폰을 손에 쥐고 또 새로운 피드가 올라왔는지 인스타그램 어플을 지그시 누르고 있다.

덕분에 팔로우한 계정이 5천을 넘었다. 소위 잘 나가는 사람들 팔로우 수는 '0'이던데. 무슨 스팸 계정마냥 5천이 넘어버린 숫자가 부끄러워진다. 팔로우 0인 사람들은 마치 '난 남들이 어떻게 사는지 궁금하지 않아요. 내 삶에만 집중하고 살아요.'라는 메시지를 남기는 것 같다. 그와 정 반대인 나는? '남들은 내 삶에 관심이 없어도, 저는 남들 사는 것에 관심이 어마어마하게 많답니다.'라는 비참한 메시지를 담고 있다. 싹 정리해 볼까 생각도 했지만 맺어둔 인연들이 아쉬워 실행에 옮기기가 쉽지 않았다.

글을 쓰기로 마음먹으면서 남의 편집된 인생을 구경하는 것보다 나에게 집중하는 시간을 강제로라도 갖기로 했다. 이 시간만큼은 외부 세계의 유혹을 차단하고 내면세계에 집중해 보리라. 잠시 시끄러운 세상의 문을 닫고 조용히 내 마음에 귀 기울여 보는 시간. 어지러운 뇌를 그만 괴롭히고 편안하게 해 주자. 휴대폰 속에서 세상 사람들이 아무리 떠들어도 나는 고요할 권리가 있다. 세상의 스위치를 잠시 꺼놔도 아무 일도 일어나지 않았다.

오늘 밤에는 휴대전화로 유튜브, 인스타그램을 구경하는 대신

'윌라' 오디오 북을 들어보자고 다짐해 본다. 그동안 고생한 네 번째 손가락이 살려줘서 고맙다고 인사를 한다.

글쓰기도 장비빨

〈유퀴즈〉에 나온 한 남자 분에게 회사를 오래 다닐 수 있는 방법을 물었다. 그의 답은 "대출을 받는 것!"이라고 했다. 그의 답처럼 빚진 게 있어야 소처럼 묵묵히 오래 일하게 되는 것일까. 글쓰기 노예로 살기 위해 구매한 품목들을 나열해 본다.

노트북

오래된 노트북을 사용하면서 늘 불안했다. 유튜브까지 시작하면서 용량을 잡아먹으니 성능이 영 신통치 않았다. '혹시 먹통이 되면 내 글은 어쩌지?' 애써 작성한 파일이 날아갈까 봐 걱정스러웠다. 남편 노트북이 고장 나면서 내가 쓰던 걸 남편이 쓰고, 내게 새 노트북이 생겼다. 가게도 개업하면 오픈빨이 있듯 새 장비가 생기니

신기하게도 글이 잘 써지는 것 같았다. 오픈빨이 오래가지 않았지만 이제 파일 날아갈 일은 없겠다며 안심하고 글을 쓴다.

5분 타이머

구글 타이머를 샀다. 버튼을 돌리면 빨간색 영역으로 남은 시간을 보여주니 시각화 효과로 집중력 향상에 도움을 준다. 고요한 새벽 시간에는 작은 초침 소리에도 방해가 되어 전자 스톱워치를 다시 구매했다. 이런 나를 보며 남편은 '무슨 고시공부 하냐'고 한심한 눈빛을 보냈다. 이런 장비 없어도 글 쓸 사람은 다 쓴다는 그의 속마음이 새벽에 거슬리는 초침 소리보다 크게 들리는 듯하다. 시간을 정하고 시작 버튼을 누르면 그 시간만큼은 글쓰기에 집중하자고 다짐한다. 10분으로 시작했는데 5분으로 줄였다. 5분만 써도 대견하다.

바른 자세 방석 & 어깨 교정 밴드

남편은 내게 늘 말한다. "오른쪽 어깨 올려요." 몸이 심하게 삐뚤어졌다. 그 덕에 노트북에 오래 앉아 있으면 어깨에 피로곰이 여러 마리가 붙어 있다. 골반이 좋지 않아 오래 앉아 있으면 꼭 골반이 틀어진 것처럼 통증이 온다. 인스타그램 광고에서 자세 교정 방석과 어깨 교정 밴드를 구매한다. 크게 도움이 되는 것 같지는 않지만

자세 교정에 조금이라도 도움이 될 것이라며 옆에 끼며 사용 중이
다.

책

글쓰기에 도움이 되겠다 싶은 책은 일단 사고 본다. 도서관에서
빌려보고 소장해야겠다 싶은 책들도 사게 된다. 예전에는 책을 더
많이 샀는데 요즘은 둘 공간이 없어서 최대한 줄이자는 다짐은 했
지만 쉽지 않다. 여전히 읽는 속도보다 사는 속도가 빠르기 때문이
다. 저 많은 책을 언제 다 읽을까.

연습장

연습장이 넘쳐나는 우리 집. 종류별로 다양하게 있다. A4용지에
메모를 하다 알게 된 A4사이즈의 연습장. 일단 큼직해서 좋다. 너
무 커서 흐물거리는 단점도 있다. A5 연습장은 부담 없이 쓰기에
딱 좋다. 외출 가방에 쏙 들어가 나갈 때 넣어 다니기도 편하다. 스
프링 부분이 잘 넘어가지 않아서, 줄이 쳐져 있어서, 계속 다른 핑
계로 새로운 연습장이 들어오고 있다. 글쓰기 살림이 늘어간다.

다이어리

다이어리 쓰기는 매번 실패했었다. 지금 쓰는 다이어리는 시간

별로 체크할 수 있는 다이어리다. 아침에 다이어리에 먼저 계획을 한다. 내가 깨어 있는 시간에 글쓰기 시간을 우선적으로 마련한다. 하루 동안 사용한 시간을 빠짐없이 기록해보면 틈이 보인다. 틈을 이용해 글쓰기를 실천해 본다.

강의

요즘 글쓰기 클래스가 많으니 강의를 들어보는 것도 하나의 좋은 방법이 될 것이다. 나는 아직 강의를 못 들어봤다. 듣고 싶은 작가의 강의는 있지만 마지막 히든카드로 남겨두고 싶다.

그 외에도 마우스, 볼펜, 연필, 달력 등 자질구레한 것부터 부피가 큰 아이템까지 구매한 것도 많고 앞으로 필요한 것 목록도 있다. 글 잘 써지는 머리, 멈추지 않는 손, 모든 것을 통찰할 수 있는 마음. 이런 거 파는 곳은 어디 없나. 이 정도면 준비는 끝났다. 제발 글 좀 쓰자.

글은 내가 쓸게, 월급은 누가 줄래?

아이가 학원에 다니는 걸 거부했다. 겨우 태권도만 즐겁게 배우고 있다. 불안이 많은 엄마는 손 놓고 있을 수만은 없었다. 그래서 내가 가르칠 수 있을 만큼만 같이 해보기로 했다. 나라는 사람의 특성상 조건 없이 시작하면 아이보다 내가 더 빨리 흐지부지 포기하게 될 게 뻔했다. 그래서 남편에게 아이 가르치는 몫으로 월급을 달라고 했다. 남편의 눈은 순식간에 나를 사기꾼 보듯 돌변했다. 내의지를 시험해 보기 위한 장치이니 노여움은 거두시라고 달래며협상을 이어갔다. 나 같아도 화가 났을 것이다. 빠듯한 우리 집 경제 사정에 자기 자식 가르치면서. 전문가도 아닌 사람이. 돈까지달라니. 하지만 나도 물러서지 않고 강하게 밀어붙였다. 그렇게 엄마표 공부가 시작되었다. 처음엔 옆에 끼고 앉아서 하나하나 체크

했는데 요즘은 옆에 잘 가지도 않는다. 어느새 아이가 스스로 루틴을 잘 지켜나가고 있기 때문이다. 월급이 끊길까 공부 계획을 중간 점검 해 본다. '엄마표 공부' 의지가 사그라질 때마다 '나 돈 받고 한다.'라는 생각과 동시에 남편 얼굴이 스쳐 지나간다. 역시 돈의 힘은 세다.

유튜브를 시작하면서도 나에게 주는 보상을 계획했다. 유튜브 수익으로 소형 카메라를 한 대 사는 게 목표였다. 휴대폰으로 영상을 찍으니 전화 올 때, 검색해야 할 때, 용량이 부족해서 등 불편한 점이 많았다. 유튜브 한 지 5년이 지났는데 아직 카메라 거치대 값도 벌지 못했다. 카메라 사서 영상을 더 잘 만들고 싶은 원초적 유튜버의 꿈은 아득히 멀어 여전히 슬프고 아름답다.

글쓰기를 하면서 나에게 줄 수 있는 보상은 무엇일까. 간단히 점심을 먹고 글을 쓰기 전에 마실 커피 한잔을 준비한다. 커피는 글을 쓰면서 내게 줄 수 있는 최고의 보상이다. 커피 한잔으로 모은 글을 책으로 만들자는 계약이 성사된다면 나에게 시원한 하이볼에 육회 안주를 선물하고 싶다. 편집을 거쳐 실물 책이 나온다면 서서 일하는 책상과 새 노트북 조합이 갖고 싶다. 왠지 또 아득한 기운이 몰려오면서 슬퍼지는 건 기분 탓이겠지? 또 두꺼운 뿔테로 썼던 블루라이트 안경도 가벼운 것으로 바꾸고 싶다. 방에 책장도 새로 넣고 싶다. 집 인테리어도 다시 하면 글이 더 잘 써질 거 같은데. 아니다. 아예 이사를 가야 하나. 글 써서 번 돈으로 부모님께 용돈도 드리고 싶은데. 글쓰기로 월급 주는 사람은 없는데 꿈만 점점 커져 간다. 일단 커피나 마시자.

아이들에게도 외부 보상의 효과는 오래가지 못하고 욕구만 더 커져 바람직하지 않다고 한다. "이거 하면 장난감 사줄게." 부모 입장에서 가장 쉬운 거래를 하고 있고 있는 것이다. 아이 스스로 하루하루 마음의 기쁨을 느낄 수 있는 내면의 만족을 찾아야 한다. 하지만 마흔이 다 된 어른인 나도 여전히 외부 보상에 의지해 몸을 움직인다. 어찌된 일일까. '글쓰기'에 관한 글을 쓰면서 보상과 인정 욕구를 좀 내려둬야 할 때가 왔다. 스스로에게 '너. 매일 글 쓰는 사람이면 된 거야. 어떤 하루를 보냈더라도 최소한 너의 할 일은 한 거야. 그 정도면 충분해. 괜찮아. 잘하고 있어.'라는 말을 해주고 싶다. 내가 나에게 해주는 인정. 얼마나 쿨하고 깔끔한 보상인지. 나는 내가 하는 많은 일을 돈에 결부시키고 남이 해주는 인정을 갈구했다. 그동안 해주지 못했던 따듯한 응원의 말을 매일 나에게 해준다고 생각하니 세상 든든한 지원군을 얻은 기분이다. 내려놓음은 마음에 큰 평안을 준다.

기억은 지워지고 흔적은 남는다

집을 정리하다 오래전 일기장을 발견했다. 얼마나 기쁜 날이었던 지 그 당시 교회도 열심히 다니지 않았는데 '하나님, 제 소원을 들 어주셔서 감사합니다.'로 시작되는 글이었다. 남편이 이직한 회사 에 합격 소식을 들은 날이었다. '이렇게나 간절할 때가 있었구나.' 기억이 흐릿하다. 그로부터 몇 년이 지났으니 그 때의 감사는 온데 간데없고 무뎌진 회사생활에 불만이 가득하다. 나 또한 그 당시 세 상 누구보다 자랑스럽던 남편을 향한 사랑은 차갑게 식어 있었 다. 예전 글을 보니 새삼 느껴지는 온도차에 다른 사람이 된 것 같 았다.

남편과 결혼을 약속하던 날의 희망적인 다짐.

아이를 처음 만났을 때의 떨림.

심장이 터질 정도로 억울하던 날.

걱정이 해결되어 안도의 한숨을 내쉬던 날.

사진이나 영상, 흐릿한 기억에 담긴 흩어진 조각들. 지나고 보면 더 꼼꼼하고 소중하게 간직해야 했던 나만의 순간들이 있다. 열심히 아등바등 살아가지만 언젠가 지치는 순간들이 온다. 오늘 내가 남긴 한 문장은 언젠가 지친 나를 다독여줄 문장으로 돌아오기도 한다.

기록하지 않으면 1년이라는 시간도 숫자만 남기고 덩어리진 채로 공허하게 사라져 버린다. 정신 줄 놓고 의식하지 못한 사이에 나도 모르게 빠르게 흘려보낸 시간을 붙잡고 싶었다. 나는 아직 앞으로 걸어갈 준비가 되지 않았다고, 조금만 더 기다려 달라고. 속수무책 흘러가는 시간을 붙잡아 둘 수도 없는 노릇이다.

집에서 하는 반복되는 집안일은 성과도 없이 조금만 방심해도 게으른 사람이 된 것처럼 쌓여만 갔다. 종이 위에 끄적끄적 흔적을 남기며 잡아 두지 않으면 어느새 시간은 저 멀리 달아나 있었다. 기억에서 지워지고 말았다. 봄이 되면 식물을 키워야겠다는 다짐. 여름엔 닭구이에 발 담글 계곡에 가는 것. 가을에 오르고 싶었던 산의 이름. 겨울이 되면 실컷 눈 구경을 하고 싶었던 동화 나라도. 모두 사라졌다.

오늘은 내게 주어진 새로운 선물이다. 새하얀 눈 위에 발자국을 남기듯 흔적을 남겨보자. 흔적을 남기는 일은 나를 한 번 더 되돌아 보는 일이다. 글로 마음이 걸어가는 발자국을 남겨보자. 남겨진 연 필 자국은 오랜 흔적이 되어 다시 나를 찾아올 것이다.

읽는 사람에서 쓰는 사람으로

꽤 오랫동안 주구장창 책만 읽는 사람이었다. 저자가 들려주는 이야기에 몸과 마음을 맡겼다. 글 위에서 유유자적 작가가 이끄는 데로 둥둥 배를 띄우고 누워서 떠다니기만 했다. 쉬운 책, 읽기 편한 책만 읽었다. 나만의 생각을 갖지 못했다. 작가의 생각에 옳고 그름을 판단해야 하고 내 생각을 잡아가는 일은 왠지 불편했다. 나와는 맞지 않다고 생각했다. 그 와중에 읽고 싶은 책은 너무도 많았다. 집에 읽을 책이 가득한데도 도서관에서 대출 한도를 가득 채워 책을 빌려왔다.

주구장창 읽기만 하는 사람은 요리의 재료만 가지고 있는 사람이다. 그 재료는 써먹지 않으면 점점 썩어 못쓰게 된다. 나처럼 책을 대충 읽는 사람은 재료의 포장지도 뜯지 않고 갖고 있는 격이다. 책을 읽고 아웃풋이 있어야 비로소 나만의 요리를 시작할 수 있다. 내가 만든 요리는 다른 요리사의 일품요리보다 맛은 덜할지도 모른다. 하지만 나만의 재료로 만든 요리는 내 입맛에 맞춘 세상에 하나뿐인 요리가 된다. 그렇게 만들어진 글은 나만을 위한 최고의 식사이자 영양분이 되어준다. 읽는 사람에서 쓰는 사람이 되는 건 나를 위해 요리하는 요리사가 되는 것과 같다. 매일 나를 위해 맞춤형 영양분을 가득 채운 요리를 제공한다.

책만 읽으면 내 인생이 변할 줄 알았다. 큰 착각을 하고 있었다. 물론 안 읽는 것보다는 긍정적인 면이 많았지만 내 인생은 원하는 방향으로 가고 있지 않았다. 오히려 어딘가에 멈춰 벗어나지 못하고 있었다. 읽기만 하는 독서는 그만 멈춰야 했다. 그 또한 책을 읽으면서 깨달았다. '아. 이렇게 책만 읽어서는 변하는 게 없겠구나.' 그때부터 우선순위와 시간을 다르게 분배하기로 했다. 내게 늘 우선순위였던 책 읽기를 글쓰기 뒤로 미뤄야 했다. 글쓰기가 먼저여야 한다. '너. 글 한 편 써야 책 읽을 수 있다.'라는 미션을 주었다. 그래야만 썼다. 나는 글을 쓰는 게 여전히 불편한 사람이었다.

이제 나의 목표는 쓰고 싶은 글을 오늘 쓰는 사람이 되는 것이다.

글쓰기에 늘 현재 진행형인 사람. 글을 처음 쓸 때 가졌던 완벽한 글을 쓰고 싶은 마음, 더 좋은 글을 쓰고 싶은 마음, 글로 인정받고 싶은 마음은 잠시 내려둔다. 매일 쓰는 사람이 되는 것에 중점을 둔다. 단 한 줄이라도 좋다. 어제 바빠서 글을 못 썼으면 숙제가 밀린 학생처럼 오늘치 글을 부지런히 써 나가는 것.

지금도 노트북에 한글 파일을 켜고 무언가를 써야 하는 순간이면 늘 괴롭다. 등 뒤에서 나를 기다리고 있는 책들에게 안기고 싶다. 언젠가는 글을 쓰는 게 자연스러워지는 날도 오겠지. 그날이 올 때까지 느리게 오래도록 쓰는 사람이 될 것이다.

3장

엄마표 글쓰기, 무엇을 쓸까?
: 레시피

무엇을 써야 할지 몰라 막막했다.

일단 막막한 마음부터 꺼내놓았다.

그러자 나의 모든 것이 글이 되었다.

8세의 내가 울고 있다 __ 어린 시절

말 잘하기로 소문난 두 사람이 있다. 아나운서 이금희님과 김미경 박사. 말을 잘 하게 된 이유를 들어보니 학교 갔다 돌아오면 아버지나 어머니께서 3시간이고 4시간이고 학교에서 있었던 이야기를 들어 주셨다고 한다. 나의 학창시절은 잘 기억나지는 않지만 방과 후 조잘조잘 이야기할 상대는 없었던 거 같다. 이야기에 오랫동안 귀 기울여 들어줄 사람이 있었던 두 사람이 부러웠다. 나는 지금도 누군가에게 긴 이야기를 꺼내놓는 게 쉽지 않다. 그래서 말 대신 글이 더 편한 사람이 되었을 지도 모른다.

아픔을 꺼내 작은 상자에 고이 담아 보이지 않는 곳에 넣어둘 수 있다면 얼마나 좋을까. 내 안의 아픔과 상처를 모른 척 외면하고 살아가고 싶다. 하지만 예고도 없이 불쑥 나를 찾아온다. 아무렇지 않은 척 흘러가던 일상을 언제든 멈추게 하는 녀석이다. 상처받은 내면 아이. 못난 모습을 드러내면 세상에 쓸모없는 사람이 된다고 생각했다. 나를 온전히 믿고 사랑하지 못했기 때문에 늘 의심하고 미워했다. 사람들이 흔히 말하는 자존감이 낮은 사람이었다. 괜찮은 척, 모른 척 살아가자고 꾹꾹 눌러 담았다. 그러다 한계에 다다랐다. 어둠이 찾아올 때마다 한없이 움츠러드는 내가 싫었다. 계속 이렇게 살고 싶지 않았다.

엄마가 되니 아이의 모습에 내 모습을 투영하게 되었다. 내면의 상처를 엄마가 되기 전에 만나서 치유했으면 좋았을 텐데. 그때는 미처 몰랐다. 청춘은 앞만 보고 가는 거니까. 어린 날엔 나를 돌아볼 여유조차 없었다. 아이가 초등학교 들어갈 무렵. 이제 나도 학부모가 되는데 또 우울해져 있는 내가 한심했다. 내면 아이를 만나야 한다는 말은 어디선가 들어봤다. 하지만 쉬운 일은 아니었다. 굳이 들춰내고 싶지 않았다. 기억도 잘 나지 않는 어린 시절 이야기. 현재 내게 닥친 일을 짊어지고 가는 것도 힘들고 벅찼다. 근데 어린 시절 어두운 동굴 속까지 스스로 들어가 보라고? 내면 아이가 두려웠다. 그 아이를 만나면 그 시절의 설움과 아픔에 압도당할 것이다. 겨우 버티며 사는 현실마저 와르르 무너져 내릴 것 같았다.

하지만 언젠가 한 번은 만나서 직면해야 할 숙제였다. '난 너 같은 아이 몰라.' 하며 등을 돌릴수록 점점 더 나를 자주 찾아와 울었다. 그럴 때마다 회사 간 남편을 소환할 수도 없고, 중학생 소녀처럼 친구에게 매일 전화할 수도 없었다. 별안간 부모님을 찾아가 '전 도대체 왜 이러는 걸까요?'라고 물으면 놀라실 게 뻔했다. 자신의 약점이나 콤플렉스까지 자연스럽게 꺼내 놓는 사람들을 보면 참 멋지고 부러웠다. '저 사람은 세상 사는 데 두려울 게 없겠다.' 나는 용기가 없어서 글을 썼다. 내면 아이를 만나는 방법은 그 아이를 상상하며 말을 거는 작업인데 여전히 쉽지 않았다. 한 때는 요동치듯 난리가 나도 또 어느새 현실에 치여 잊고 살아간다. 일단 기억나는 대로 어린 시절을 기록해 본다. 아무도 없는 공간에서 내 이야기를 꺼내 보기로 했다.

아직 내면의 어린아이를 만나 대화를 나누는 수준은 되지 못한다. 사실 아직도 내면 아이에게 위로를 건네지 못했다. 40세의 나는 8세의 아이에게 손을 내밀고 안아주지 못했다. 멀찌감치 전봇대 뒤에 숨어 어린 나를 지켜보고만 있다. 언젠가 말을 건네고 상처를 치료해 주는 날, 그제야 어른이 될 수 있을 것 같다. '다른 사람들과 비교하고 스스로 못났다고 아파하지 말라고. 너는 너만의 멋이 있다고.' 8세의 상처 입은 나를 만나 꼭 다정하게 이야기해 줄 수 있는 어른이 되어야지. 기억나는 아픈 장면을 수정하고 성장하면서 아픈 내면 아이는 점점 치유될 것이다. 그제야 지금 내 곁에 살아 숨 쉬는 나의 아이들, 주변의 소중한 사람들 앞에서 진정한 내가 될 수 있을 것이다.

글쓰기로 어린 시절의 나를 돌이켜 본 후, 나는 친구들에게 그동안 누구에게도 말하지 못했던 어린 시절 이야기를 꺼내 놓았다. 평생 입 꾹 다물고 있을 줄 알았던 나에겐 정말 큰 용기였다. 고통은 마음껏 표현해야 치유된다고 한다. 동네방네 만나는 사람들마다 마음껏 떠들고 다닐 용기는 없다. 여전히 내겐 종이와 연필, 글이 필요하다.

<엄마의 느린 글쓰기, 한번 해보자!>

Q. 흐릿한 기억 속 희미한 장면이어도 괜찮습니다. 어린 시절 나는 어떤 아이였나요?

....

....

....

....

....

....

....

....

....

....

....

....

....

....

....

....

....

....

....

....

엄마와 아이가 함께 자란다 __ 육아 일기

첫 아이를 임신하고 육아일기를 검색하다 알게 된 맘스 다이어리. 100일 동안 일기를 꾸준히 쓰면 무료로 책을 출판해 준다. 사진도 넣을 수 있고 무엇보다 책으로 만들 수 있다는 점이 좋았다. 임신했을 때부터 꾸준히 기록하며 부지런히 책을 만들었다. 바빠서 일기를 못 쓴 날에는 점이라도 찍어놓고 날짜를 채웠다. 일기에 진심이던 엄마의 열정은 둘째가 태어나고 식고 말았다. 단 한 권도 만들지 못했다. 오빠의 어린 시절이 담긴 앨범을 구경하다가 '자기는 어디 있냐고' 자꾸 묻는다. 한 장씩 넘기며 본인이 등장하기를 손꼽아 기다리는 둘째를 보고 있으니 미안한 마음이 든다. '밤을 새워서라도 한 권 만들어 줘야지!' 다짐은 했지만 어릴 적 사진 수천 장을 정리하는 일은 생각처럼 쉽지 않았다. 괜히 첫째의 일기장을 안 보이는 곳으로 꽁꽁 숨겨 놓는다.

딸기를 처음 먹어본 상큼한 너의 표정
개미를 만나 인사를 나누던 다정한 아이
삐뚤삐뚤 이름 세 자를 처음 쓰고 뿌듯해하던 너
만화로만 보던 시크릿쥬쥬 공연을 보러 가서 얼음처럼 굳어버린
너

아이의 옆에 있던 나는 어떤 모습, 어떤 마음이었을까?

이유식을 만들면서 본격적인 요리 실습이 시작되었던 나
치과에서 수면으로 치료받던 너를 기다리며 펑펑 울고 있었던 나
첫 문화센터 방문에 부푼 마음으로 들어가던 나
도통 참여하지 않아 속상한 마음에 너에게 화를 냈던 나
아이가 처음 써준 편지에 울컥했던 나

아이의 처음을 함께하고 순수함을 1열에서 직관할 수 있다는 것.
엄마가 가진 최고의 특권이 아닐까. 아이의 순수함이 나를 웃게 하
고 때로는 울게 한다. 마음에 여유가 더 있었다면 아이와의 소중한
추억을 더 많이 간직하고 있었을 텐데. 그게 제일 아쉽다. 아이가

홀쩍 자라 내 손을 떠나는 날이 온다면, 나는 아이의 어떤 모습이 가장 그리울까.

품에만 안고 다니던 녀석이 언제 이렇게 홀쩍 커버렸는지. 어릴 때 '빨리 자라라. 빨리 자라라.'를 속으로 외쳤다. 손이 많이 가니 귀찮기도 했던 아이들 뒤치다꺼리에 시달리며 나만 늙고 있다는 억울한 마음도 들었다. 느리게 흘러가던 그때 그 시절이 지금 뒤돌아보니 한순간에 홀쩍 지나가 있었다. 더 많이 남겨둘걸. 당연하다고 믿었던 순간들이 사무치게 그리워질 때가 있다.

학교에 들어간 아이는 혼자서 할 수 있는 게 많아졌다.
혼자 가방 메고 학교에 가는 너의 모습을
혼자 레고를 만드는 너의 모습을
혼자 삼국지 책을 읽는 너의 모습을
더 늦지 않게 지금 현재의 순간들을 부지런히 담아 간직한다.

먼 훗날 삶에 지친 아이가 어릴 적 너의 기록을 보고 '내가 이렇게 사랑받으며 자랐구나.' 잠시 마음이 따스해질 수 있도록. 부족한 엄마가 줄 수 있는 최선의 사랑을 나눠준다. 우리가 부모와 자식으로 만난 것이 좋은 인연으로 남기를. 일상에 여유 한 스푼을 담아 살아가는 이야기를 기록해 본다.

느릿느릿 천천히 자라는 아이의 모습 뒤에는
부지런히 자라는 엄마인 내가 있었다.

<엄마의 느린 글쓰기, 한번 해보자!>

Q. 아이의 엉뚱함에 웃음바다가 되었던 순간, 뭉클했던 아이의 한마디, 어떤 것이라도 좋습니다. 아이가 어른이 되었을 때 꺼내줄 만한 이야기가 있다면 떠올려 보세요.

....
....
....
....
....
....
....
....
....
....
....
....
....
....
....
....

당신을 고발합니다 __ 배우자

연애 7년, 결혼 생활 10년 차 부부. 긴 시간이 무색하게도 우리는 아직 서로를 잘 모른다. 그동안 참 많이도 싸웠다. 『자기만의 방』을 쓴 작가는 차별과 억압에 부딪혀 자신이 살아 있다는 증거로 글을 썼다고 한다. 나도 갖은 핍박을 견디며 쓴 글이 있다.

아내의 고발문

남편은 술이 낙인 사람이었다. 고된 일을 마치고 돌아온 날에도, 쉬는 날에도, 기분 좋은 날, 우울한 날에도 꼭 한잔을 마셔야 하루가 마무리 되는 사람. 결혼 초엔 회사에서 받은 스트레스를 술이라도 달래줄 수 있어 오히려 다행이라고 생각했다. 하지만 '오늘만 마실게.'라는 멘트로 10년을 함께 달려온 술은 남편의 건강과 우리 가정을 위협하기에 충분했다. 술이 들어간 날, 그와의 대화는 서로에게 창을 겨누듯 날이 서 있었다. 그는 술로 얻은 용기로 자만심이 하늘을 찔렀고, 나는 그의 모습이 못마땅했다. 아이들 있는 데서 험악한 분위기가 자주 오갔다. 어쩌다 그가 아파서 술을 못 마시거나 내가 화를 내서 못 마시게 되는 날도 있었다. 그런 날엔 삶의 낙이 없는 사람처럼 우울한 사람이 되어 있었다.

아이들은 술 마시는 아빠의 모습을 당연하게 생각했고, 나의 화는 점점 쌓여갔다. 아슬아슬한 하루가 지나가고 결국 선을 넘은 날이 오고야 만다. "당장 이혼해! 당신 같은 알코올 중독자와는 더 이상 못 살겠어!" 큰 소리가 난다. 제일 미안한 건 그 공간에 함께 있는 아이들이었다. 남편이 술로 무너질 때마다 나는 억울한 생각이 들었다. '술 때문에 우리 가족 모두가 불행하다고.' 나는 앞으로 저 인간하고 어떻게 살아야 할까. 아니 같이 살아야 할까 말아야 할까?

반복되는 싸움에 진절머리가 났다. 머리가 아팠고, 가슴이 뛰었고, 늘 불안한 마음에 화병이 생겼다. 나는 매일 마음이 무너져 내리는데 남편은 다음 날 아침, 술만 깨면 정상적인 사람으로 돌아왔다. 기억이 없는 사람처럼 아무 문제없다는 듯 말하고 행동했다. 그 모습이 더 괘씸했다. 분명 피해본 사람은 있는데 가해자는 온데간데없이 사라진 상황. 결국 그를 위한 기억의 자료로 또는 이혼 서류에 넣을 증거 자료로 화와 억울한 마음을 구구절절 쓰기 시작했다. 아마도 나를 독하게 쓰게 만든 가장 큰 원동력 중 하나는 술에 취한 남편일 것이다.

악에 받쳐 키보드가 부서져라 세차게 두드린다. 글쓰기에는 이상한 힘이 있다. 쓰다 보면 마음이 생각지도 못한 곳으로 향한다. '저 사람도 나 같은 악처를 만나 참 힘들겠구나.' 짠한 마음이 나를 또 다른 곳으로 데려간다. 내가 저 사람을 미워하고 달달 볶아서 저 지경이 된 건 아닌지. 다시 나를 돌아보게 된다. 글로 쓰자고 마음먹으면 쓰고자 했던 상황의 처음부터 끝까지 스캔하듯 시간을 돌이켜 본다. '화'가 난 지점의 원인을 스스로 되짚으며 찾아간다. '남편에 대한 기준이 너무 높은 건가?' '나는 그에게 화낼 수 있을 만큼 똑바로 생활하고 있는 건가?' '내 사랑이 부족해서였을까?' 남편을 고발하려고 쓴 글은 결국 나를 고발하는 글로 마무리되기도 한다.

남편의 반성문

전날 밤의 만행을 쏟아 붓듯 적은 고발문을 남편에게 보여준다. 맨 정신으로 돌아온 남편은 내 글을 보며 '자기가 다 잘못했다며' 반성문을 썼다. 하지만 그 뒤로 똑같은 잘못을 반복한다. 나는 지겹다고, 그만하고 싶다면서 또 다시 고발문을 쓰고, 그때마다 남편은 반성문을 남긴다. 신기하게도 아직까진 남편의 글을 보면 마음이 풀렸다. 확실히 공중 분해되는 말로 하는 것보단 글에서 더 진정성이 느껴졌다.

이토록 고발문과 반성문이 난무하는 이상한 굴레를 걷고 또 걷는 것이 부부인가 보다. 소리 높여 서로를 헐뜯으며 싸우고 나면 상처 받은 나와 상처 준 나만 남는다. 너덜너덜 해진 마음은 아이들에게 그대로 전달된다. 눈치 빠른 아이들은 조금만 언성이 높아져도 "둘이 또 싸우네. 또 싸워."라면서 주의를 준다. 애들 앞에서 안 좋은 모습을 보이는 것보다 손에 피가 나도록 키보드를 두드리는 게 훨씬 우아한 부부싸움이 되었다. 앞으로 내 글에 남편 홍보는 소재는 그만 좀 나왔으면 좋겠다. 이 글을 쓰는 나는 여전히 마음이 편치 못한데 정작 본인은 '자기가 내 글에 영감을 주는 거라며' 자랑스럽게 여기고 있다.

글로 써보지 않았다면 절대 몰랐을 것이다. 술 뒤에 놓인 그의 힘 겨운 그림자까지는 닿을 수 없었을 것이다. 부부싸움으로 시작된 전쟁 같은 글들은 결국 너무도 다른 당신과 나에 대한 이해였다. 글을 쓰며 나는 당신이 되어보고, 당신은 내가 되어 본다. 우리는 평생을 살아도 여전히 모를 서로를 글로 조금씩 더 알아간다.

ps. 쌓인 고발문과 반성문으로 책 한 권 만드는 날까지. 티격태격 싸우고 부지런히 이해하고 열심히 쓰면서 성장하며 잘 살아 봅시다.

<엄마의 느린 글쓰기, 한번 해보자!>

Q. 우리 부부는 앞으로 얼마나 더 싸우고, 몇 번을 더 화해하게 될까요? 가장 가깝고도 먼 사람, 당신의 배우자는 어떤 사람인가요?

몸과 마음은 하나다 __ 운동 일지

몸이 점점 거대해지면서 '이대로는 안 되겠다.' 싶어 달리기를 시작했다. 'RunDay'라는 운동 앱의 도움을 받아 1분 달리기부터 시작해 30분을 달리는 날까지 목표를 잡았다. 달릴 때마다 운동 일지를 남겨보기로 했다. 새로운 분야의 도전기는 그 자체로 좋은 글감이 된다.

- 왜 달리기를 시작하게 되었는지
- 첫날은 얼마나 헉헉대며 달리는지
- 다리가 가려워 벅벅 긁었던 날
- 달리기 기록용으로 유용한 앱을 소개한 날
- 운동장에서 동사무소 운동센터로 이동한 날

- 운동 기구 사용법을 몰라 당황했던 날
- 내향인이 운동 센터가 힘든 이유
- 한 달을 쉬었다 다시 달린 날
- 30분을 쉼 없이 달리게 된 날까지 꾸준히 기록했다.

달리기를 하고 와서 바로 운동 일지를 썼다. 헉헉거리며 다리를
질질 끌며 달렸던 그 감정을 그대로 글에 살리고 싶었기 때문이다.
초보 시절의 운동기록은 흑역사를 동네방네 알리는 것이기에 부끄
러운 마음도 든다. 하지만 운동으로 몸의 근육도 기르고 글쓰기 근
육도 기를 수 있는 더없이 좋은 프로젝트다. 운동으로 성장하는 내
모습이 다른 사람에게 전달된다면 누군가는 나를 응원해 줄 것이
다. 또 어떤 사람에게는 움직임의 동기가 될 수 있다. 운동도 하고
글쓰기도 하고 선한 영향력까지 1석 3조의 효과를 얻게 된다.

어떤 날은 글을 쓰기 위해 달리기를 했고, 또 계속 달리기 위해
글을 썼다. 그렇게 30분 달리기 기록이 꽉 채워졌다. 국가대표 운
동선수가 될 것도 아니고, 위대한 작가가 되어야 하는 것도 아니
다. 나와의 약속이었던 달리기 기록은 스스로에게 자신의 한계를
뛰어넘은 것만큼 큰 힘이 되었다. 30분 달리기에 성공했어도 처음
의 기록이 남아 있지 않았다면 이만큼 뿌듯하지 않았을 것이다. 꾸

준한 운동과 기록의 힘을 두 배로 느낄 수 있다.

　앞으로 도전해보고 싶은 분야가 많다. 몸이 뻣뻣하고 지루해 보여서 나와 맞지 않는다고 생각했던 요가에 도전해 보는 것. 어릴 적 튜브에 앉아 놀다가 물에 빠진 적이 있어 물이 무서운 아줌마의 수영 도전기. '언젠가 강편치를 날릴 수 있는 용기를 주소서.' 복싱 도전기. 방구석 아이돌 댄스 연습은 이제 그만, 댄스 학원 등록 일지 등. 죽기 전에 다 해볼 수 있을까?

　최근에 두발자전거를 배우기 시작했다. 자전거를 대여하고 5분 만에 '아. 이건 내가 할 수 없는 분야구나.'라는 느낌이 확 왔다. 넘어질 듯 비틀거리는 모습이 바보가 된 것 같았다. 몇 시간의 연습 끝에 겨우 균형을 잡는다. 뒤를 잡아주는 남편의 도움 없이 처음으로 두 발을 비비며 앞으로 나갈 때는 마치 하늘을 나는 기분이었다. 자전거에는 자유가 담겨 있구나. 그러다 두 번째 날에는 부상을 당했다. 좌충우돌 자전거 일지에는 또 어떤 이야기들이 담길까.

　꾸준한 운동과 글쓰기 덕분에 몸과 마음은 건강한 비명을 지른다. '아씨. 힘들어.' '와. 끝났다!' 30일의 운동 일지를 보면서 '이것도 해냈는데 못할 게 무엇이랴.' 자신감도 생긴다. 지금은 또 운동을 쉬고 있다. 하지만 28일간의 치열했던 달리기 기록. 지난날의 달리기 일지는 여전히 내게 남아 있다. 언제든 다시 시작할 수 있다.

<엄마의 느린 글쓰기, 한번 해보자!>

Q. 날씨가 추워져 저는 요즘 집에서 매트 깔고 운동을 합니다. 유튜브 홈트 5일 차입니다. 작심삼일이어도 괜찮습니다. 여러분은 어떤 운동 하세요?

....

....

....

....

....

....

....

....

....

....

....

....

....

....

....

....

....

....

....

....

마흔의 고장 수리 내역서 _ 몸의 기록

그해 여름은 몸에서 요란하게 비상 신호를 보냈다. 시작은 장염이었다. 밤 11시, 남편과 야식으로 전날 먹다 남은 족발을 데워 먹었다. 다음 날 먹어도 맛있다며 서로 엄지 척을 맞대었다. 다음 날, 남편이 먼저 설사를 시작하더니 멀쩡하던 나도 이튿날 눈 뜨자마자 구토 증상이 생겼다. 족발을 함께 나눠 먹던 의리로 손잡고 병원에 누워 나란히 링거를 맞고 사흘 동안 죽만 먹으며 지냈다. 흰밥에 김치 올려 김 싸 먹는 일반식이 너무 그리웠다. 그토록 먹고 싶은 커피는 타서 입만 살짝 대보는 것으로 만족해야 했다. 한편으론 혼자만 아파서 남편 먹는 것만 구경하는 치욕보다 둘이 같이 아픈 게 나은 건가 싶은 어리석은 마음도 들었다.

며칠 뒤 일주일에 한 번 꼴로 가던 동네 뒷산에 올랐다. 손등이 가렵기 시작하더니 귀밑, 턱이며 허벅지 여기저기가 가렵다. 벌레가 물었나? 벅벅 긁으며 산을 내려왔다. 씻으려 바지를 벗으니 가렵던 곳이 두드러기처럼 벌겋게 올라와 있다. 가려움을 견딜 수가 없었다. 너무 놀라 씻지도 않고 병원으로 달려갔다. 병원에서 알레르기 증상이라고 했다. 꽃가루 때문인지 벌레 때문인지 풀 때문인지 원인이 분명치 않아 불안한 마음은 쉽사리 가라앉질 않는다.

기나긴 여름의 투병은 계속되었다. 어느 날 눈에서 까만 점이 보였다. 계속 보이는 건 아니고 하얀 모니터를 볼 때 나타났다. 책을 볼 때도, 햇빛 있는 도로에서도 나타났다. 잠깐 있다 없어지고는 해서 '이게 뭐지?' 하며 대수롭지 않게 생각했다. 그러다 우연히 인터넷에서 다른 사람이 쓴 글을 보게 되었다. '눈에 나타난 까만 점 꼭 병원 가보세요. 방치하면 실명할 수도 있습니다.' 글을 읽으며 가슴이 철렁했다. '눈에 까만 점 나잖아!' 다음 날 아침 바로 안과로 달려갔다. '심각한 병이 아니길 제발 제발요. 저는 아직 봐야 할 세상이 많답니다.' 오랜만에 하나님을 찾아 기도를 했다. 의사 선생님은 심각한 건지 아닌 건지 확인해 봐야 안다고 했다. 동공이 커지는 약을 넣고 30분 정도 기다린 뒤 사진을 찍고 검사 결과를 기다렸다. 선생님은 "괜찮습니다. 신경 안 쓰셔도 되겠습니다."라고 하셨다. 그 말을 들어도 안심이 되지 않았다. "그럼 그냥 이대로 놔둬도 되는 건가요?" 선생님이 조금 더 단호하게 말씀하신다. "돌아가셔서 자기 할 일 하시면 됩니다." "아 네…." 냉정하리만큼 단호하게 대답해 주신 선생님께 오히려 감사했다. 병원에 걱정을 뚝 떨치고 집으로 돌아왔다.

여름의 막바지. 손에 작은 수포가 올라와 한 달을 또 고생했다. 나아지려면 손을 쓰지 말라고 하셨는데 '엄마'에게 그게 과연 가능한 일인가 싶었다. 약 봉투가 끊이지 않는다. 감기라도 한 번 오면 급격히 진행되어 축농증 약을 오래 먹어야 했고, 알레르기 약은 6개월이 지나도록 아직 먹고 있는 중이다.

마흔을 코앞에 두고 몸 여기저기서 비상 신호를 보내왔다. 이렇게까지 고장 날 수 있나 싶은 나이가 된 거겠지. 건강 염려증이 있는 나는 작은 트러블 하나에도 예민해졌다.

"넌 잠을 7시간 이상 못 자면 귀에서 삐~ 소리가 나는 이명이 생길 수 있어. 한 번 생기면 약을 먹어도 일주일 정도는 지속되니 괴로울 거야. 아무리 할 일이 많아도 수면 시간은 꼭 지키자. 지난번에 감기 왔을 때 대수롭지 않게 며칠 방치했더니 축농증으로 간 적

있지? 목이 좀 칼칼하고 콧물이 심상치 않을 땐 병원에 바로 가보고 푹 쉬도록 하자. 알레르기는 누구에게나 생길 수 있으니 너무 놀라지 말자. 피부과 선생님께서 병원 오는 절반은 만성 알레르기로 약을 오래 먹고 있다고 너무 걱정하지 말라고 하셨잖아. 큰 병이라도 생긴 것 마냥 너무 두려움에 떨면서 위축되지 말자."

　40년을 함께 살았지만 아직 내 몸을 다 알지 못한다. 내가 할 수 있는 건 '몸의 기록 일지'를 꼼꼼히 쓰는 것뿐이다. 그 기록은 의사 선생님의 말씀과 더불어 건강 염려증으로 불안한 마음을 달래 줄 수 있는 든든한 마음 처방전이 된다.

<엄마의 느린 글쓰기, 한번 해보자!>

Q. 나이가 들수록 부쩍 건강에 관심이 많아집니다. 하나둘 꼭 챙겨 먹어야 하는 약이 생깁니다. 몸이 보내는 소리에 귀 기울여 볼까요?

....
....
....
....
....
....
....
....
....
....
....
....
....
....
....
....
....
....

매일 나를 사랑하는 방법 __ 하루 일기

일기. 어릴 적엔 왜 써야 하는지도 모르고 혼나지 않으려고 썼다. 스무 살엔 서툰 사랑 기록으로, 서른 살엔 아등바등 육아 일기로 하루가 채워졌다. 예쁜 일기장도 사 보고, 5년 일기도 시작해 보고, 손 글씨로도 써보고, 앱에도 흔적을 남겨 본다. 계속된 시도에도 작심삼일로 끝나는 날이 많았다. 마음잡고 며칠 쓰다가도 '이걸 써서 뭐 해? 쓴다고 달라지는 것도 없고만.' 나를 자꾸 멈추게 했다. 마흔이 다 된 지금에서야 나의 이야기로 하루 일기를 채워보려 한다.

일기를 쓰는 4가지 이유

1. 아침의 일기 - 정돈된 하루를 보낼 수 있다.

머릿속은 복잡한데 몸은 손가락 하나 움직이지 않을 때. 주어진 하루를 흘러가는 대로, 닥치는 대로 살아가게 된다. 스스로 하루를 계획하고 우선순위의 일을 작성하고 실행에 옮겨보는 것. 나에게 주어진 오늘을 위한 최소한의 노력이다. 꼭 해야 할 일에 집중하고, 계획한 대로 살아가고 점검하는 하루는 스스로에 대한 자긍심을 높여준다.

'나 왜 이 모양으로 살고 있지?' '이 나이 먹도록 내가 이룬 건 뭐지?' 다른 사람과 비교하면 끝이 없다. 나는 점점 작아질 뿐이다. 어제의 나와 오늘의 나를 발견하고 기록해 본다. 그 기록으로 잘 살아가고 있다는 확신을 얻을 수 있다. 부족한 모습을 인정하고 받아들이는 것만으로 마음이 안정을 가질 수 있다.

한 치 앞도 보이지 않는 안개처럼 나를 감싸고 있는 부정적 생각이나 불안을 글로 적어본다. 현실을 똑바로 바라보게 된다. 우리는 삶에서 영원히 완벽한 순간을 만날 수는 없을 것이다. 늘 불안하고 어딘가 부족한 상태일 뿐이다. 일상을 자세히 관찰하고 기록하는 습관으로 나를 성장시킬 수 있다. 매일 아침을 계획하는 작은 습관으로 나만의 질서를 지키며 성실한 사람이 되어 간다.

2. 저녁의 일기 – 위로를 건네는 말

지친 하루를 마치고 마음에 걸렸던 문제를 남편에게 털어놓는다. 공감이나 위로를 원했지만 돌아오는 상대방의 답변은 늘 차가웠다. 그래서 더 상처받고 왜 저 사람은 내가 원하는 답을 해주지 않을까? 상대방에 대한 원망만 커져갔다. 진정한 문제는 지쳐버린 내 마음과 상대방이 다 헤아려 주길 바라는 욕심이었을 것이다.

이제는 일기장에 먼저 마음을 털어놓는다. 내가 듣고 싶은 이야기를 해주는 사람이 된다. 내 마음을 헤아려 줄 사람은 다른 사람이 아닌 바로 나여야 했다.

내 마음을 헤아려 주는 것. 지금까지 해본 적이 없었다. 남에게만 친절한 사람이었다. 왜 나에겐 친절하지 못했을까. 나는 항상 못나고 부족한 사람이었으니까. 부정적 생각으로 나를 다그치기만 했다.

이제는 일기를 쓸 때 오늘 하루는 어땠는지, 마음은 괜찮았는지,

진짜 원하는 건 무엇인지 살피려고 노력한다. 연인에게, 친구에게 이야기하듯 상처받고 아픈 일들을 털어놓는다. 그곳에 무거운 짐을 내려놓는다. 그리고 내가 듣고 싶었던 말을 써준다. 힘들었을 텐데 고생했다고. 눈에 보이는 성과는 없을지라도 잘하고 있다고.

나를 알아주기. 내 영혼을 달래주는 일.
그 누구보다 내가 가장 잘할 수 있는 일이다.
이제야 오롯이 나만을 위한 안전한 공간이 생겼다.

3. 감사 일기

컨디션이 안 좋아 불만이 가득 쌓였던 날. 짜증, 불쾌 지수가 높았던 날. 하루를 마무리 하며 후회가 밀려온다. 나는 오늘 무엇에 감사하며 살았는가?

감사. 무의식 속에 살면서 잊고 살 때가 많다. 찾아보면 분명 하나쯤은 있다. 스트레스 받는 일이 있어도 아이를 안으면 어느새 마음이 따뜻해진다. 억울한 일로 다 때려치우고 싶을 때도 있다. 술 한잔 기울이며 내 편이 되어줄 친구나 배우자가 있다는 사실에 마음이 살짝 누그러지기도 한다. 무사히 집으로 돌아와 책을 읽을 수 있는 순간이 감사가 될 수 있다. 나락으로 떨어진 하루에도 살아 숨쉬고 있다면 그거면 감사의 이유로 충분하다.

생은 고통의 연속이라고 하지 않았던가. 매일 반복되는 버거운 삶에도 감사의 이유를 찾아 헤매는 건 결국 의식을 바꾸는 일이다. 내게 닥친 불행에만 집중하며 그곳에 매여 있지 말자. 하루의 마무리에 감사를 찾아 내일을 살아갈 힘을 비축하자. 내일은 분명 새로운 해가 떠오른다. 감사가 쌓인 하루하루는 험난한 세상을 이겨낼 힘이 된다.

4. 결국 나를 사랑하는 일

쓰다 보면 나를 관찰할 수 있다. 내가 어떤 사람인지 알아가는 과정에서 나를 충분히 이해할 수 있다. 세상에 보이고 싶은 마음이 아닌 지금 그대로의 나를 받아들이게 된다. 진정한 나를 만나는 것은 세상을 살아가는 데 큰 버팀목이 된다. 나는 유일한 존재이기 때문이다. 마음을 들여다보고 내 목소리에 귀 기울이는 것. 나를 사랑해 주는 것이다. 나를 만드는 일상, 내 마음을 살피는 것은 곧 내 인생의 전부가 된다. 일기는 내가 세상을 살아가며 지나간 시간들의 흔적이다. 일기를 쓴다는 건 나에게 좋은 사람이 되는 것이다.

나에게 있었던 일, 나의 감정들을 살피다 보면 자연스럽게 나는 다시 글 쓰는 사람이 되어 있다. 일기는 다른 글을 시작하기 위한 준비운동이 되어 주었다. 쓰다 보면 내가 모르는 어디론가 가 있을 때가 있다. 그 순간이 좋아 또 다짐하게 된다. 매일 써야지. 날마다 하루를 남기는 사람이 되어야지.

살아온 세월이 쌓이면서 가장 부러운 사람이 있다면 자신의 역사를 꼼꼼하게 기록해 둔 사람이다. 예를 들어 5년 일기장에 꾸준히 하루를 기록해 온 사람. 아이가 태어났을 때부터 매년 같은 장소에서 사진을 남겨온 가족. 기억력은 점점 퇴화되니 기억을 기록으로 남기는 수밖에 없다. 내 역사를 기록하면서 나아갈 방향까지 그려 본다. 그 기록은 더 나은 곳으로 이끌어 줄 나만의 인생 책이 되어 줄 것이다. 아무도 읽어주지 않아도 매년 갱신하면서 나에게 가장 소중한 책을 만들어 보자.

<엄마의 느린 글쓰기, 한번 해보자!>

Q. 차곡차곡 모은 일기는 세상 그 무엇과도 바꿀 수 없는 소중한 자산이 됩니다. 오늘 하루는 어땠나요?

....

....

....

....

....

....

....

....

....

....

....

....

....

....

....

....

....

....

글 한잔의 확실한 행복 __ 커피 타임

시끌벅적 주말을 보내고 적막한 월요일이 찾아왔을 때,

잔뜩 쌓인 설거지통을 윤이 나게 닦아 냈을 때,

산책하다 마음에 담고 싶은 들꽃을 만났을 때,

땀 뻘뻘 흘리며 운동할 때,

내 스타일 주인공이 나오는 드라마를 볼 때,

포근한 소파에 앉아 책을 읽을 때,

육퇴 후 가장 좋아하는 안주에 맥주 한잔 기울일 때.

좋아하는 순간을 쭉 나열해 본다. 하루 중 가장 기다려지는 나만
의 시간이 있는가. 요즘 내 최애 시간은 간단히 점심(컵라면에 밥
한술)을 먹고 설거지까지 후다닥 마친 후. 시원한 커피 한잔 마실

때다. 이 시간이 없었다면 지금의 나보다 훨씬 우울한 사람이 되었을 것이다. 하루 중 커피 마시는 시간을 가장 기다린다. 식후 커피 시간은 소소하지만 선명한 위로가 되어준다.

친정 아빠는 커피를 하루에도 3-4잔씩 마셨다. 어릴 적 나는 아빠의 커피 타임을 보며 어른이 즐기는 낭만의 시간이라고 생각했다. 그래서 나도 어른이 되고 어른의 특권처럼 커피를 좋아하게 되었을까. 커피를 마시면서 주로 책을 읽거나 글을 쓰거나 하루를 계획한다. 오늘 본 영상에서 느낀 점, 아이가 한 말에서 인상 깊었던 것, 배달 음식의 맛 등. 남들이 보기에 '뭐 저런 것까지 쓴다고?' 지극히 하찮고 사소한 일상을 모아 본다. 다른 사람에게는 아무것도 아닐지라도 모아두면 커다란 글 자산이 된다. 커피 타임에 쓴 글만 모아도 특별한 책이 될 수 있을 것 같다. 하루 중 나를 가장 기분 좋게 만드는 시간을 가져 보는 것. 사소하지만 확실한 행복을 지키는 첫걸음이다. 나의 커피 타임은 늘 섬세하고 고요해서 좋다.

'글 쓰면 행복해져요?'라는 질문을 받는다면 내 답은 '아니요.'다. 차라리 사고 싶은 것을 사고, 보고 싶은 영상을 보고, 보고 싶은 책을 실컷 읽는 것이 더 행복할 거 같다. 하지만 그렇게 오는 행복의 순간은 짧다. 아이들에게 장난감을 사주었을 때도 똑같다. 외부에서 오는 행복은 길이가 짧다. 글쓰기는? 쓰는 동안 행복하지는 않다. 글을 다 쓰고 났을 때도 행복하기 보다는 후련한 느낌이 더 강하다. 그 후련함은 행복을 향한 노력이기도 하고 더 큰 불행으로부터 나를 지키는 길이기도 하다. 내 안에 쌓여있는 화, 불만 등 찌꺼기들을 조금씩 덜어낸다는 기분으로 글을 쓴다. 그럼 내게 중요하고 소중한 걸 더 선명하게 볼 수 있다. 글쓰기가 행복으로 가는 여러 방법 중 하나가 되는 것은 확실하다.

인생 또한 그렇다. '그딴 걸 신경 쓰기에 내 인생은 너무 바빠.' 매일 슬쩍 눈 감은 채 지나치려던 그 곳을 글쓰기로 살피고 다듬을 수 있다. 좋아하는 소소한 일상을 꾸준히 살피고 남겨보자. 그 안엔 분명 낭만도 담기고 낭만 안에는 내가 모르던 내 모습도 담겨 있을 것이다. 아무것도 아닌 것 같던 작업들이 쌓여 나에게 좀 더 다정한 사람이 되어 간다.

<엄마의 느린 글쓰기, 한번 해보자!>

Q. 저에게 커피는 하루의 쉼표입니다. 여러분의 하루 일과 중 차 마시는 시간에 떠오르는 생각은 무엇인가요?

....

....

....

....

....

....

....

....

....

....

....

....

....

....

....

....

....

구멍 난 통장 범인을 찾아라 _ 가계부

출근한 남편이 사진을 한 장 보낸다. 10년 넘게 탄 자동차 계기판에 경고등이 잔뜩 들어와 있었다. 요즘 급발진 사고 영상을 종종 봤던 터라 덜컥 겁이 났다. '우리 차도 고장 나면 어쩌지? 당장 바꿔야 하나?' 걱정에 잠을 이루지 못했다. 가계부 한쪽에 새 차 구입 항목을 추가해 본다. (다음 날 정비소 가서 말끔히 고쳐짐) 결혼 후 2년 정도 가계부를 매달 쓰면서 연말 결산까지 냈다. 그러다 며칠을 안 쓰고 밀린 것이 몇 달이 되고 결국 그 뒤로 쭉 손을 놓게 되었다. 돈을 쓸 줄만 알았지 돈 나가는 내역을 쓸 줄은 몰랐다. 가계부 없이 사는 동안 명품 백을 산 것도 아니다. 아이들 교육에 수백을 쓴 것도 아니다. 해외여행을 간 것도 아닌데 통장에 구멍이라도 뚫린 듯 돈은 소리 없이 계속 사라지고만 있었다.

바쁘다는 핑계도 있었지만 가계부를 쓰지 않게 된 결정적인 이유는 가계부를 써도 돈이 모이지 않았다는 것이다. 돈은 쓰고 싶은 대로 쓰면서 기록만 남기는 상황에 '내가 이걸 왜 하고 있지?'라는 생각이 들었다. 또 은행일이며 학원비, 보험, 세금 지출에 관한 일을 다 남편이 관리하고 있었다. 남편은 카드할인 혜택을 받고자 카드 개수를 점점 늘렸다. 계속 추가되는 소비항목에 가계부 형태가 복잡해졌다. 나는 그게 못마땅했다. 카드 딱 한 두 개만 정해서 쓰면 되지 할인 때문에 5-6개의 카드를 돌려서 쓰고 있는 상황. 왜 해야 하는지도 모르고 복잡한 구조의 가계부는 내게 더 이상 하지 않아도 되는 숙제거리가 되고 말았다.

새해가 되면 몇 가지 계획을 세우듯, 올해 계획 중 하나는 다시 가계부를 작성하는 것이다. 풍족하게 쓰는 것도 아닌데 늘 돈에 쪼들리며 아등바등 불안하게 살고 있었다. 당장 차를 바꿔야 하거나 아이들이 배움에 큰돈이 필요하다면 어떨까. 누군가 아파 병원비가 필요하거나, 남편이 일을 할 수 없는 상황이 된다면. 당장 이번 달 카드 값만 걱정했지 더 큰돈 나가는 것에 대한 대비는 없었다.

적어봐야 알 수 있었다. 저축은 몇 %를 하고 있는지. 보험료는 얼마나 차지하는지. 매달 드는 주유비는 얼마인지, 늘어가는 아이들 학원비, 식비는 감당 가능한지. 배달 음식을 줄이면 얼마를 절약할 수 있는지. 돈을 더 벌 수 있는 방법은 무엇인지? 남들은 돈을 어떻게 모으는지? 돈 버는 법에 대한 고민을 해보는 시간도 가져본다.

어떤 날은 냉장고 파먹기도 해 보고, 어떤 날은 무지출 데이도 만들어서 돈 안 쓰고도 잘 지낼 수 있는 하루를 궁리해 본다. 기분에 따라 즉흥적으로 소비한 흔적들을 반성해 본다. 결국 내가 가계부를 다시 쓰게 된 이유는 돈. 돈 버는 일과 쓰는 일을 계획하고 건강하고 합리적 소비를 하는 것. 돈에 끌려 다니지 말고 돈을 관리하자는 것이다. 그 시작은 돈에 관심부터 가지는 것이었다. 돈의 흐름을 기록하는 습관은 돈에 관심을 가지는 시작이 된다.

죽을 때까지 100억을 가진 부자가 되기는 힘들 것이다. 하지만 내가 가진 한 푼의 돈을 꼭 써야 할 곳에 잘 쓰는 사람이 되기 위해 가계부를 쓴다. 더 잘 살기 위해 오늘도 가계부와 씨름을 한다.

<엄마의 느린 글쓰기, 한번 해보자!>

Q. 우리 집 12월 가계부는 더 깐깐하게 소비를 줄여야 합니다. 가족들 생일도 몰려 있고, 아이들 크리스마스 선물도 준비해야 하기 때문입니다. 여러분의 이번 달 소비계획에는 어떤 목록이 있나요?

....

....

....

....

....

....

....

....

....

....

....

....

....

....

....

살림꽝에게도 한 가지 팁은 있다 __ 집안일

살림을 지독히도 못 하는 사람이다. 살림에 관심도 없을 뿐더러 집안일에 시간과 정성을 쏟고 싶지 않은 사람의 부류에 속한다. 나처럼 최소한의 생계를 위한 살림인. 살림 꽝인 사람에게도 '아! 이거다.' 싶은 번쩍이는 순간이 있다.

수건

결혼 후 몇 년간은 수건을 쫙쫙 펴고 착착 정리해 놓았다. 갠 수건을 화장실 좁은 서랍 칸 안에 밀어 넣는 것도 일이었다. 시간과 정성을 들여(?) 꾹꾹 채워둔 수건은 하루가 멀다 하고 빨래 통으로 직행했다. 자주 쓰다 보니 하루 만에 다시 수북이 쌓인 수건들. 산더미 같은 빨래 더미를 보면서 한숨이 푹 나왔다. 어느 날 수건 바구니를 하나 마련했다. 빨래 더미에서 수건만 쏙쏙 골라 개지 않고 바구니에 그대로 골인 시켰다. 수건이 빠져 나가니 정리할 빨래가 반으로 줄어든다. 아이들에게 '수건만 골라서 통에 넣어놔.' 심부름 시키기도 딱이었다. 착착 개어 넣은 수건이 보기엔 좋지만 엄마의 정신건강엔 커다란 수건 통에 아무렇게나 담긴 수건이 훨씬 도움이 되었다. 빨래는 세탁기가 해주고 말리는 건 건조기가 해주는 데 빨래 개고 정리해 주는 기계는 왜 아직도 개발되지 않는 걸까?

설거지

재료를 준비하고 요리를 하고 아이들과 저녁을 먹는다. 이대로 부엌이 마감되면 좋을 텐데. 만든다고 난장판이 된 설거지통에 가득 쌓인 그릇이 잔뜩 남아 있다. 남들 다 퇴근해서 쉬는데 혼자 추가 근무를 하는 기분. 설거지를 미루면 어차피 내일의 내가 힘들어질 게 뻔하다. 오늘의 내가 움직이는 수밖에. 블루투스 이어폰을 한쪽 귀에만 꽂는다. 동요 말고 듣고 싶은 음악을 선곡한다. 아이브의 신곡도 나오고, 다이나믹듀오의 쎈 음악도 나오고 김동률의 깊은 감성도 목록에 넣는다.

아무 생각 없이 기계적으로 손을 움직이는 시간. 이상하게도 물을 틀고 접시를 수세미로 문지르고 물로 헹구는 반복적인 행동을 하면서 아이디어가 떠오를 때도 있다. '와. 이거 글로 진짜 재밌겠다!' 그럴 땐 하던 설거지를 멈추고 고무장갑을 벗고 메모하러 간다. 매일 반복되는 지긋지긋한 설거지 시간도 나만의 노래 목록으로 작은 콘서트를 연다. 번쩍이는 아이디어까지 얻는다면 오늘 설거지 시간도 그다지 나쁘지 않은 것 같다.

당근마켓

당근마켓에 가입하고 물건을 올리기까지 고민만 하고 꽤 오랜 시간이 걸렸다. 물건을 파는 건 좋았다. 하지만 어딘가에 사진과 글을 써서 올리고, 모르는 사람과 연락을 하고, 만날 시간을 잡는 것. 거기다 직접 만나 물건과 돈을 주고받으며 거래를 성사시키기까지 상당한 에너지가 필요했다. 한술 더 떠 '내 물건을 받고 실망하면 어쩌지?' '사기꾼 만나면 어쩌지?' '물건 값 깎아 달라는 사람, 시간 약속 안 지키는 사람도 많다던데.' 매너 없는 사람들을 만나 기분이 상하는 것도 싫었다. 그렇게 한참을 미루다 부피가 큰 미끄럼틀을 팔아야겠다고 마음먹으면서 드디어 첫 판매를 시작하게 되었다. 첫 거래는 의외로 깔끔하게 성공적으로 이루어졌다. 막상 시작을 해보니 별거 아니었다. 이제는 한 달에 한 번 당근 데이를 정한다. 안 쓰는 물건을 한쪽에 모아두고 당근 데이가 되면 팔 물건을 한꺼번에 올린다. 중고 거래로 번 돈은 왜 용돈 받는 기분일까? 돈도 생기고 물건이 비워진 자리를 보면 마음에도 여유가 생긴다.

신박한 살림 아이템

야심차게 도전한 무수분 수육. 처음부터 센 불로 시작했다가 냄비를 홀라당 태워버렸다. 요리만 하면 급해지는 성격은 왜 고쳐지지 않는 것인가. (운전이 아니라 다행인가) 탄 냄비 복구 작업이 시급하다. 인스타그램 광고를 보고 산 세정제를 꺼낸다. '내돈내산'으로 구매한 탄 냄비 지우는 아이템을 직접 써보고 소개할 기회가 생겼다. 흰 옷에 튄 김치 한 방울, 아이들 옷에 묻은 물감. 난감한 상황에서도 잘 지워지는 얼룩 제거제가 있어 마음 한 구석이 든든하다. 사용해보고 만족스러우면 추천 아이템으로 소개하는 글을 써본다.

목련 어묵 우동, 숭의가든 불고기, 홍대 쭈꾸미 등. 마켓컬리에서 매번 사게 되는 아이템들이 있다. 마켓컬리가 처음인 사람들에게는 도움이 되는 정보가 된다. 다이소에서 산 유용한 아이템 후기는 유튜브에서도 늘 높은 조회수를 차지한다. 나만의 살림 아이템들은 또 어떤 게 있을까?

날이 더운 여름이 되면 선풍기 한 대가 안방으로 거실로 작은 방으로 여기저기 옮겨 다닌다. 선을 꽂을 데가 없어 자리 잡기도 어렵다. 선이 짧아 원하는 곳에 바람이 오지 않기도 한다. 이놈의 코드! 삶의 질을 떨어트리는 유선코드! 무선 청소기, 무선 선풍기처럼 무선 가전제품이 많이 나오지만 여전히 유선으로 사용하는 제품들이 더 많다. 전기도 와이파이처럼 무선으로 사용 가능하면 얼마나 편리할까?

일상 속에서 불편한 점을 영감 삼아 글쓰기를 해 본다. 학창 시절 못다 이룬 발명가의 꿈을 펼쳐본다. 별 거 아닌 나만의 살림 팁이 때로는 도움이 필요한 어떤 이에게 혁명처럼 다가오기도 한다. 좋은 걸 함께 공유하는 건 다 같이 잘 사는 길이다. 우리가 살아가는 공간은 서로 다른 모습으로 자기만의 스토리가 담겨 있다. 랜선 집들이로 특별한 스토리를 나눠보는 건 어떨까.

<엄마의 느린 글쓰기, 한번 해보자!>

Q. 늘 분홍색 고무장갑만 쓰다가 검은색으로 바꿔보니, 주방 인테리어에도 어울리고 기분까지 달라졌습니다. 써보고 정말 신박했던, 소문내고 싶었던 살림 팁이 있으면 저에게도 알려주세요.

....

....

....

....

....

....

....

....

....

....

....

....

엄마 오늘 메뉴 뭐야? _ 식단 기록

방학이 두려운 이유는 아이 점심까지 챙겨야 한다는 무시무시한 현실 때문이다. 혼자 먹으면 건너뛰어도 되고, 컵라면이든 냉동 밥이든 간단히 한 끼 때우면 된다. 아이들에게 라면 또는 냉동 밥을 그것도 매일 제공하는 건 엄마로서 양심에 찔렸다. 학교나 어린이집에서 점심을 먹고 오는 날엔 영양 보충을 든든히 하고 왔을 거라고 위안을 삼았는데. 방학만 되면 한 끼가 늘어난 식단에 머리가 아파온다. (아이들아 미안)

요리 프로를 보다가 '어? 이 정도면 나도 할 수 있겠는데?'라는 생각이 들면 일단 재료를 잔뜩 산다. 열정을 다해 딱 한 번 도전해 보고 끝이었다. 유행하는 신박한 요리들만 찾는 도전 정신만 강한 요리사는 실력이 늘지 않았다. 아무리 바쁜 엄마라도 아이에게 만들어 줄 수 있는 요리 딱 3가지만 정해두라고 한다. 엄마 손으로 직접 만들어 주는 시간을 가지는 게 아이들 정서에 좋다고 한다. 요리에 정말 자신이 없어도 수학 공식 외우는 것처럼 레시피를 외워서 자신 있게 할 수 있는 메뉴 3가지를 만들어 본다. 이제라도 나만의 시그니처 요리를 개발해야 할 때다.

참치 쌈밥

남편과 둘이 점심 먹을 때 자주 먹는 식단이다. 시어머니표 된장에 양파, 참치 한 캔을 넣어 섞는다. 배추나 상추에 밥을 놓고 쌈장을 넣어 한 입 가득 먹는다. 요즘엔 양배추를 살짝 데쳐 싸 먹는 것도 꿀맛이다. 사실 남편과 나, 둘 다 다이어트가 필요한 몸이다. 쌈밥은 다이어트에 도움이 된다. 간단하고 맛있으면서 포만감도 채울 수 있어서 우리 부부의 최애 식단이 되었다.

된장찌개

한국인이라면 누구나 좋아하는 된장찌개. 우리 집도 어른 아이 할 것 없이 된장찌개만 있으면 밥 한 그릇 뚝딱 할 수 있다. 다담 된장찌개 전용 된장이 필수 재료가 된다. 호박, 양파, 버섯, 감자, 파 등 집에 있는 채소를 잔뜩 넣고 두부를 송송 썰어 넣는다. 나는 차

돌박이를 서너 개를 넣어 고기 맛 나는 찌개를 좋아한다. (이러니 살이 찔 수밖에) 아이들이 찌개에 밥 한 그릇 뚝딱 먹는 모습을 보면 흐뭇해진다.

닭곰탕

최근에 도전해서 극찬을 받았던 요리다. 아들이 태권도 대회에 나간다고 연습으로 힘들어해서 체력 보충을 해주고 싶었다. 할 줄 아는 요리에선 보양식이라고 할 만한 게 딱히 없었다. 부지런히 검색을 하다 그나마 쉬워 보이는 닭곰탕에 도전했다. 닭다리 한 팩과 닭다리 살 한 팩을 샀다. 한 번 데치고 육수를 넣은 물에 푹 삶는다. 익으면 닭다리 살은 찢어서 넣고 닭다리는 국을 뜰 때 얹어주면 비주얼도 만족스러웠다. 처음인데 이래도 되나 싶을 정도로 국물이 시원하다. 안 해본 요리에 도전했다는 점에서도 레벨 업 된 기분이다.

콩나물

둘째의 콩나물 사랑 덕에 떨어지는 날 없이 만드는 밑반찬이다. 콩나물 한 봉지를 트는 날이면 냄비에 모두 넣어 3분의 1은 콩나물국, 3분의 1은 콩나물 비빔밥용, 3분의 1은 콩나물 반찬을 만든다. 밥상에 콩나물 파티가 벌어진다. 가성비 최고의 콩나물 코스요리 완성!

스파게티

국수 면은 물이 끓으면서 차르르 냄비 속으로 들어가면 '곧 익겠구나.'싶은 감이 온다. 스파게티 면은 아무리 기다려도 '이거 익은 거 맞나?'라며 계속 의심하게 된다. 면을 끓이다 소금을 들이부어서 바다맛 스파게티가 된 적도 있다. 면이 덜 익어서 단단 면 스파게티도 먹어 봤다. 면을 잘 익히고 시판 소스를 붓고 양파, 베이컨, 옥수수, 버섯을 넣고 볶아 준다. 그 위에 피자 치즈를 얹어 전자레인지에 3분 정도 돌려주면 레스토랑 못지않은 스파게티가 완성된다. 아이들의 입가가 불그죽죽해지도록 호로록 면을 올려 먹는 모습을 보면 웃음이 절로 나온다.

가래떡 구이

첫째의 최애 간식은 떡이다. 친정엄마가 시장에 가면 한 번씩 떡집에서 가래떡을 사다 주신다. "엄마 나 가래떡 구워줘~" 하면 언제든 구운 가래떡을 꿀과 함께 내어준다. 떡을 구워 낼 때면 나도 어릴 적 외갓집에 있던 할머니의 음식들이 그리워진다. 그리움은 때로 삶을 버티는 힘이 된다. 외할머니가 사다 주신 가래떡도 언젠가 아이가 살아가면서 삶을 버틸 추억의 힘이 되어주겠지.

우리 집엔 평생 요리만 연구한 백종원 아저씨가 없다. 요리사라고는 레시피 없이는 진도가 나가지 않고, 채 썰기도 여전히 서투른 요.알.못. 엄마가 있을 뿐이다. 날마다 간장 계란밥이면 어떠랴. 오늘 해 먹은 나의 소박한 한 끼도 글이 된다. 우리 집 식구들 맞춤 전용 레시피 한 장의 기록은 또 다른 요린이들에게 희망이 될 수 있다.

<엄마의 느린 글쓰기, 한번 해보자!>

Q. 매일 집밥만 먹을 수 있나요? 저의 저녁 메뉴는 배달시킨 치킨이었습니다. 요리 시간 대신 아이들과 TV 앞에서 웃고 떠들며 여유로운 토요일 저녁을 치킨과 함께했습니다. 여러분의 저녁 메뉴는 무엇인가요?

<u>보이지 않는 사랑 __ 사진</u>

사진첩을 연다. 오늘 찍은 사진 중 글로 남기고 싶은 (가장 기억에 남는) 사진 한 장을 고른다. 점심에 먹었던 비빔밥, 새로 산 화장실 방향제, 잔뜩 어질러진 거실, 곤히 자고 있는 아이의 모습 등등. 내가 고른 사진은 아이의 안경이다.

1. 제목을 붙인다.
너의 첫 안경.

2. 사진에 보이지 않는 풍경을 글로 쓴다. 가까운 곳부터 보이지 않는 곳까지 그려본다.
학교에서 받은 건강검진으로 아이 시력이 크게 떨어졌다는 걸 알았다. 남편은 눈이 나쁜 편이라 방학 때마다 아이들을 데리고 안과에 가서 검진을 받아왔다. 성장기라 그런지 몇 개월 사이에 시력이 확 떨어져 있었다. 한 번 떨어진 시력은 다시 되돌릴 수 없기에 더 신경써주지 못한 것이 아이에게 미안한 마음이 들었다.

처방전을 받아와서도 안경 맞추는 걸 미뤘다. 아이는 크게 불편하다는 말이 없었다. 나도 최대한 늦게 안경을 씌우고 싶은 마음이었을 것이다. 하지만 이제 더 이상 미룰 순 없었다. 큰맘 먹고 안경점으로 향했다. 어색하고 불편할 줄만 알았는데 동그란 얼굴에 얹어진 안경이 제법 잘 어울린다. 안경사님께서 아이에게 안경 관리법을 친절히 설명해 주신다.

아이는 안경 너머로 보이는 세상을 신세계처럼 신기해한다. 그 모습을 보니 '진작 맞춰줄걸.' 그동안 뿌옇게 보였을 아이의 세상에 또 한 번 미안해진다. 엄마가 되고 나니 늘 양면 마음을 갖게 된다. 아이가 커 가는 게 좋으면서도 슬픈 이상한 기분. 이렇게 우리는 또 한 걸음 성장하는구나.

　오늘 찍은 사진이 없을 땐 오래전 사진 중 한 장을 골라본다. 날짜를 보니 둘째가 12개월쯤 되었을 때. 진분홍 내복을 위아래로 갖춰 입고 내 배 위에 올라와 앉아 있다. 내가 배를 움직일 때마다 까르르 까르르 숨넘어가게 웃고 있는 사진. 내 사진첩에 담긴 수천 장의 사진 중 손에 꼽히는 사진 한 장. 그 사진이 좋은 이유는 웃음 가득 머금은 그 아이를 바라보는 그 시절의 내가 그립기 때문일지도 모른다.

사진 한 장을 찬찬히 바라보면 셔터를 눌렀던 1초, 그 순간만 기억에 있는 건 아니다. 저 멀리 보이지 않았던 나의 마음도 떠올려 볼 수 있다. 사진 한 장을 꺼내두고 보이지 않던 나의 마음까지 들여다본다. 그리고 든든한 글 한 편이 완성되었다. 오늘도 부지런히 셔터를 눌러본다. 오래도록 간직하고 싶은 순간들을 사진첩에 모아본다.

<엄마의 느린 글쓰기, 한번 해보자!>

Q. 점심 먹으러 들어간 식당에서 꽃잎 모양으로 정리된 수저를 발견했습니다. 가지런한 수저통 안의 수저들만 봐도 이 집 아르바이트생 또는 사장님, '장사에 진심이구나.'라는 느낌이 팍팍 듭니다. '손님의 눈길을 사로잡은 신박한 식당 수저 정리법!' 제 사진첩에서 발견한 오늘의 글감입니다. 여러분의 사진첩에는 어떤 글감이 담겨 있나요?

....

....

....

....

....

....

....

....

....

....

....

낯선 공간이 주는 환기 __ 여행

결혼 후 여행은 남편을 설득하는 것부터 험난했다. 신혼여행 때부터 우리는 삐그덕거렸다. 나는 유럽으로 가서 돌아다니며 구경을 즐기고 싶었다. 남편은 휴양지로 가서 쉬고만 싶다고 했다. 아이들이 태어나고는 더 제한이 많아졌다. '어려서 기억도 못하는데 여행을 왜 가냐. 돈도 아깝고 시간도 아깝다. 사고라도 나면 어쩔 거냐.' 등. 가기 전부터 생기는 트러블 때문에 나까지 여행이 싫어질 지경이었다. 그러던 우리 남편이 바뀌었다. 요즘은 본인이 먼저 여행을 추진하고 일정을 짠다. 마치 처음부터 여행 체질이었던 사람처럼 관광 할인 정보를 알아보고, 분 단위로 스케줄을 짠다. 유명 여행사 가이드 못지않은 경력을 쌓아가고 있다. 김영하 작가는 아이와의 여행은 나중에 아이가 어딜 갔는지 세세히 기억나지는 않지만 그곳에 갔었던 '행복했던 감정'은 오래 남아 있다고 했다. 우리는 최근 여행에서 한 번 싸울 때마다 용돈에서 만 원씩 모아서 기부를 하자고 제안했다. 그 뒤로 남편은 정말 안 싸우려고 더 기를 쓰고 노력한다. 우리의 노력이 모여 가족 여행의 기억이 편안하고 행복한 감정으로 오래 남아 있기를 바라본다.

아이들과 함께하는 여행은 둘러보기 좋은 관광지, 아이도 먹을 수 있는 식당, 노키즈존 카페 등을 고려해 일정을 짜는 것. 혹시 몰라 챙기는 여벌 옷, 모기약, 해열제, 감기약, 배탈 약 등 짐을 싸는 것도 보통일이 아니다. 가는 차에서 지루함과 짜증을 견뎌야 하는 시간까지 더해지면 아이들과 여행 후 남는 건 정말 고생뿐일지도 모른다. 그저 '그곳에 다녀왔습니다.' 목적지에만 중점을 두던 여행에서 관점을 바꿔 새로운 여행의 맛을 느껴 보기로 했다.

제주

코로나 걸리고 나서 좀 억울한 기분이 들었다. 그동안 코로나 때문에 미룬 여행이 얼마나 많았는데. 걸리고 말아버린 것이냐. 그래서 바로 가장 가까운 날의 제주행 비행기를 끊었다. 공항 쪽에 숙소를 잡고 아이들과 가까운 오름에 올랐다. 그곳에서 비행기가 뜨고 내리는 평생 볼 장면을 다 본 것 같다. 늘 먼 하늘에서 비행기가 가면 손을 흔들며 빠빠이를 하던 아이들. 이렇게 가까이에서 비행기 이착륙 모습을 반복적으로 볼 수 있다니. 생각지도 못한 선물을 받은 것마냥 행복한 선물을 받았다.

서울

가만히 서 있어도 땀이 삐질삐질 흐르는 여름. 백희나 그림책 전시회를 한다는 소식에 여름 휴가를 서울로 정했다. 화폐박물관, 전쟁기념관, 국립 박물관 등 어마어마한 곳들을 방문했다. 하지만 이번 여행에서 가장 큰 소득은 차 안에서 지루함을 견디기 위해 찾다가 알게 된 뮤지컬 〈알사탕〉 음악 중 〈나랑 같이 놀래?〉라는 노래였다. 이 노래를 왜 이제야 알았을까. 이제라도 알게 되어 정말 다행이다. 노래 가사 중 '처음이라 목소리가 작았지? 구슬이(강아지)처럼 다음엔 목소리를 더 크게 해 보자.'라는 가사가 참 좋았다. 어릴 시절 나에게 해주는 말 같기도 했고, 놀이터에서 같이 놀고 싶은데 쭈뼛대는 아이들에게 용기를 담아 주었다. 〈발냄새〉, 〈아빠의 잔소리〉라는 곡을 들으며 깔깔깔 웃어본다. 여행 후 한참이 지나도 차에 타면 가장 먼저 플레이되는 아끼는 곡이 되었다.

청계천을 지나다 분위기가 너무 좋아서 잠깐 앉아 아이들과 발을 담갔다. 우리가 사는 곳에서는 잠시 발 담글 곳이 없다. 아이들과

"와, 시원하다. 그지?" 물속에 담긴 아이의 작은 발을 바라본다. 그 5분도 안 되는 시간이 서울 여행에서 가장 기억에 남는 순간이 되었다. 남편 가이드가 빨리 다음 코스로 이동해야 한다고 서두른다. (이분은 심지어 발도 안 담그심)

학교 가고, 학원에 가고 집에 와서 숙제를 한다. 유튜브 좀 보다 잠자리에 드는 비슷한 일상을 살아간다. 여행은 다시 돌아왔을 때 일상이 좀 더 특별해질 수 있는 환기 역할을 한다. 앞으로의 여행에서는 아이들과 나눴던 이야기, 그곳에서 느낀 감정에 더 집중해 보려 한다. 또 아이와의 여행 꿀팁을 정리해 다른 사람들과 공유한다면 한 편의 좋은 글이 될 것이다. 아이에게 담긴 여행의 추억과 내가 담은 여행의 추억 보따리에는 각자 다른 것이 담겨 있다. 다녀온 곳을 더 소중하게 간직하기 위해 글로 남기고 영상으로 남겨본다. 여행은 우리 마음속에 오래도록 간직된다. 꼭 유명 맛집이 아니더라도 여행에선 의외의 순간들이 많이 찾아온다. 의외의 순간을 만끽하는 것으로 충분하다. 여행은.

<엄마의 느린 글쓰기, 한번 해보자!>

Q. 제가 사는 여수는 눈 구경하기가 힘든 곳인데요. 이번 겨울에는 눈이 잔뜩 쌓인 곳으로 놀러 가서 아이들과 커다란 눈사람을 만들어보려고 합니다. 눈사람 여행에선 또 추억이 만들어질까요? 여러분은 '여행의 묘미' 하면 어떤 장면이 떠오르나요?

....

....

....

....

....

....

....

....

....

....

....

....

....

읽고 생각하고 쓰기 _ 책 리뷰

성인이 되고 책 읽기를 시작한 지 10년이 넘어간다. 처음 시작할 때 도서관에 가서 책을 빌려 읽었다. 연습장에 기억하고 싶은 구절을 손 글씨로 써서 남겼다. 지금 생각해 보면 그때 책이 더 간절했고, 집중해서 읽고 정성스레 남겼다는 생각이 든다. 책에 점점 빠져들기 시작하면서 서평 사이트에 가입해 이벤트로 주는 책을 신청해서 받았다. 기간 내에 책을 읽고 몇 자 이상의 리뷰를 남겨야 했다. 서평 이벤트는 그 당시 나의 중요한 미션이자 낙이 되었다. 서평은 글쓰기 습관을 위해 가볍게 시작해 보기 좋다. 나도 독서의 기록을 위해 글을 쓰기 시작했다.

읽은 책이 점점 쌓일수록 나는 뿌듯해졌다. 점점 더 많은 책을 신청하게 되었다. 하지만 서평 도서로 받은 책들은 내가 예상했던 것과 전혀 다른 책도 있었다. 리뷰를 의무적으로 남겨야 했으니 억지로 쓰게 되는 날이 늘어갔다. '아까운 내 시간 돌려내라!' 거침없이 비난하고 싶은 책도 있었다. 맞지 않는 책을 만나 리뷰를 남길 때면 고구마 100개 먹은 심정이 된다. 더 이상 책이 오는 게 반갑지 않게 되자 서평 이벤트를 완전히 끊게 되었다. 의무만 가지고 남기는 글은 나에게는 시간 낭비일 뿐이었고, 글을 읽는 사람에게도 전혀 도움이 되지 않았다.

다시 제대로 서평을 남겨보기로 마음먹은 건 『엄마의 심야책방』 글을 쓰면서였다. 책에 대한 열정 덕분에 글을 쓸 수 있었다. 인생책으로만 이루어진 책의 리뷰를 모아두고 싶었다. 줄거리만 남기는 것이 아닌 일상에 책을 스며들게 하고 싶었다. 책과 함께 내 인생의 한 부분이 담긴 글을 썼다. 그때를 떠올리면 자연스레 그 책이 생각나고, 그 책을 떠올리면 그 시절이 떠오른다. 그게 진정한 리뷰 아닐까. 지금은 책 리뷰 글뿐만 아니라 책을 소개하는 영상을 만드는 데 많은 시간을 보낸다. 그 시간이 깊어질수록 읽은 책은 더 진하게 오래 남아 있을 것이다.

똑같은 책을 읽고 쓴 리뷰 중에서도 마음을 끌어당기는 글이 있다. 아마도 그 책을 읽고 난 마음의 상태를 가장 진실되게 표현한 글일 것이다. 초반에 억지로 쓴 서평은 기한 내 올려야 한다는 압박으로 나에게 '마감의 맛'을 알게 해 주었다. 마음을 다해 진심으로 썼던 서평은 지금까지 글을 쓰는 데 많은 도움 주었으리라 생각된다. 오늘도 야금야금 자기 계발서, 아이의 표현력에 관한 책, 따듯한 육아서를 읽었다. 수많은 책장 사이에서 책을 읽기 전과 책을 읽은 후의 나는 어떤 점이 달라졌을까. 책 덕분에 또 어떤 글을 남기게 될까? 어떤 책을 읽든 진실되게 남기는 내가 되길 바란다.

<엄마의 느린 글쓰기, 한번 해보자!>

Q. 올해 읽었던 책 중 가장 인상 깊었던 책은 『스토너』입니다. 너무 강렬했던 나머지 아직 리뷰를 남기지 못했는데요. 책의 주인공과 묻고 답하는 인터뷰 형식으로 리뷰를 남겨보고 싶습니다. 나만의 언어로 남겨보고 싶은 책을 골라보세요.

....
....
....
....
....
....
....
....
....
....
....
....

불안이 불안을 낳는다 _ 걱정

나는 걱정쟁이다. 누군가에게 따뜻한 보살핌을 받아 본 적이 없는 사람처럼 매사에 불안과 걱정을 가득 안고 살아간다. 스스로 피곤하게 만드는 삶에 지칠 때가 많다. 조금만 거슬리는 소리를 들어도 잔상이 오래 남는다. 남편이 장난으로 툭 던진 비아냥거리는 말투에 하루 종일 기분이 안 좋다. 잊을 만할 때가 되면 불쑥 다시 튀어 나온다. 쉽게 잊히지가 않는다. 남편은 장난으로 그런 걸 가지고 왜 그러냐며 억울해한다. 생각이 너무 많아 머릿속 쓰레기통이 차고 넘친다. 엉킨 생각들이 나를 붙잡아 아무것도 하지 못할 때가 많다.

같은 라인의 다른 층에서 인테리어 공사로 온 아파트가 소음으로 시달리던 중, 아랫집에서 시끄럽다며 우리 집 벨을 눌렀다. 아이들은 할머니 댁에 가 있었고 혼자 있었던 터라 우리 집에서 나는 소리가 아니라고 전달했다. 그 말을 하는 동안 나는 심장이 벌렁거림을 느꼈다. 손이 덜덜 떨렸다. 아마도 층간소음 사건 사고를 뉴스로 봤던 것에 두려움 때문이었을 거다. 그분은 다른 집 벨을 누르러 갔다. 다음 날 오전, 문을 쾅쾅쾅 두드리며 아랫집에서 또 올라왔다. 끝내는 집으로 직접 들어왔다. 우리 집에서도 자기 집이랑 똑같이 들리는 인테리어 공사 소음 소리를 확인하고 나서야 미안하다는 말도 없이 내려갔다. 그날 이후로 아랫집은 이사 전까지 2년 정도 아무런 연락도 없었다. 하지만 나는 매일 매일이 살얼음판 위를 걷는 기분이었다. 아이들이 내는 자그만 소리에도 신경이 날카로워지는 건 물론이고, 다른 집에서 들려오는 소리에도 가슴이 쿵 내려앉았다. '또 올라오면 어쩌지?' 안 그래도 예민한 사람이 그 당시엔 정말 최악의 나날이었다. 집에서 아무것도 할 수가 없었다.

코로나가 터졌을 때도 걱정은 계속되었다. 당장이라도 온몸에 코로나 바이러스가 침투될 것처럼 마음이 불편했다. TV나 기사 속 사건, 사고는 모두 나를 향한 공격이었다. 타지역에서 칼부림 사건이 나면 외출하기가 겁났다. 스쳐 지나가는 이들이 모두 무섭게 느껴졌다. 그런 나를 감당하기 힘들었다. 남편과 다투기도 했다. 나는 모든 사안을 너무 무겁게 받아들였고, 남편은 신경 쓸 필요 없다고 싹뚝 잘라버렸기 때문이다. 겁난다고 이야기하면 그의 반응은 '우리한텐 그런 일 없어! 경찰이 다 알아서 해줘! 병원 가면 돼!' 그게 끝이었다. 정신건강에 좋다는 건 알겠지만 그게 나는 잘 안 되는 사람인 걸 어쩌란 말인가.

지금 내 어깨를 짓누르고 있는 고민은 무엇인가? 쓴다고 바로 해결되는 건 아니지만 쓰다 보면 어느 순간 해결책이 보일지도 모른다. 남편과의 관계, 아이 문제, 부모님 문제, 건강 문제, 나의 일, 인간관계, 돈 문제 등. 흘러가는 대로 바쁘게 잘 살아가다가도 여러 가지 문제들이 한꺼번에 복합적으로 찾아올 때가 있다. 그럴 때는 그냥 써본다. 오늘 하루에 있었던 일도 쓰고, 과거에 느꼈던 기분도 써 본다. 또 불투명한 미래를 쓰기도 한다. 천천히 깊은 내면으로 들어가 응어리진 마음을 가만히 들여다본다. 곰팡이는 따사로운 햇볕에서 말리는 게 가장 좋다. 마음 안에 자리 잡은 응어리도 언젠가는 꺼내 말려야 앞으로 더 잘 살아갈 수 있다.

얼마 전까지만 해도 나의 고민은 아이로 가득 차 있었다. 걱정스러운 마음에 글을 쓰며 펑펑 운 날도 많았다. '왜 이렇게까지 되었을까.' 지난 시간을 후회도 많이 했다. 아이에 대한 걱정, 고민을 혼자 글을 쓰고 기록하며 시간을 견뎠다. 한때 바위만큼 무거웠던 문제가 지금은 훨씬 가벼워져 지난날의 기록이 되었다. 요즘 나의 고민은 살이 자꾸만 찌는 것이다. 운동도 하지 않고 몸을 방치했더니 감당하기 어려울 수준으로 살이 찌고 있다. 아이가 '엄마 배 속에 아기 있어?'라고 해맑게 물을 때, 화도 못 내고 그저 민망해진다. 야식을 먹을 때는 이러니 살이 찔 수밖에 없다고 생각했는데 지금은 야식을 끊은 지 두 달이 되어간다. 야식도 안 먹는데 살이 계속 찌는 이 상황은 무척 억울하다. 도대체 뭐가 문제일까. 식단부터 운동, 그 외의 다이어트 비법 등을 쭉 적어보려 한다.

지금 나를 힘들게 하는 것이 있다면 조심스레 꺼내서 직면해 보기를 바란다. 젖은 빨래를 널듯 짊어진 무거운 짐들을 내어 놓는다. 안개처럼 뿌옇던 걱정들이 종이 위에 모습을 드러낸다. 보이지 않는 것을 눈으로 보면서 정리하는 건 뇌를 훨씬 편안한 상태로 만들어 준다. 쓰면서 더 이상 내가 걱정해서 변할 것도 없고, 어쩔 수 없는 것은 그대로 받아들인다. 예전의 기록과 지금의 기록을 보면 '와. 이럴 때도 있었네. 지금은 진짜 많이 나아졌네.' 하면서 감사하는 순간이 분명히 찾아올 것이다.

지금도 여전히 걱정은 있다. 하지만 걱정하는 마음을 품고 있기만 해서는 해결되는 건 하나도 없다는 걸 확실히 깨달은 걱정 요정이 여기 있다. 머릿속이 복잡할 땐 실타래를 풀듯 복잡한 생각들을 하나씩 잡아 꺼내듯 종이 위에 그대로 다 꺼내 나열해 본다. 아마 걱정의 무게가 1g은 줄어들 것이다.

<엄마의 느린 글쓰기, 한번 해보자!>

Q. 요즘 저의 새로운 걱정거리는 바로 '『엄마의 느린 글쓰기』이 책을 어떻게 홍보할까?'입니다. 온 우주의 기운을 끌어 모아 A4용지에 홍보 방안을 구상해 봅니다. 어깨를 짓누르는 여러분의 걱정거리는 무엇인가요?

....

....

....

....

....

....

....

....

....

....

....

....

....

댓글요정 나가신다, 길을 비켜라 __ 댓글

유튜브 영상을 만들면 남편에게 항상 부탁한다. 영상 보고 댓글 달아 달라고. (10번 올리면 한 번 정도 댓글을 남겨준다. 후.) 내게 댓글의 힘은 크다. 유튜브를 하면서 슬럼프가 찾아올 때면 오래전에 올린 영상을 하나 골라 플레이 한다. 기억도 가물가물한 영상을 보면서 '아. 내가 이런 영상도 만들었구나.' 그때의 열정을 떠올려 본다. 500개가 넘어가는 영상 중에는 0개로 댓글이 깨끗한 영상도 있고 100개가 넘게 달린 영상도 있다. 댓글은 빠짐없이 다 보는 편인데 그중에서도 마음에 확 꽂힌 댓글은 '고정' 표시를 눌러 맨 위로 올려 둔다. '심야책방님 덕분에~'로 시작하며 영상을 보고 도움이 되었다는 댓글은 나도 선한 영향력을 줄 수 있다는 뿌듯함에 어깨가 으쓱해진다.

서평 리뷰 이벤트에 참여하던 시절 책 서평 카페에 가입했다. 50주 동안 일주일에 책 한 권씩 읽고 독후감을 써서 올리는 프로젝트에 참여했다. 50주를 성공하면 등급이 올라가 더 많은 책 서평 이벤트에 참여할 수 있었다. 프로젝트에 참여하면서 내가 세운 목표는 같은 기수 참가자가 올린 독후감을 읽고 모든 글에 댓글을 남기는 것이었다. 그때는 같은 프로젝트에 참여하는 멤버들에게 응원으로 댓글을 남겼다. 지금 생각해보면 매주 댓글을 남기면서 나는 가장 작은 단위의 글쓰기 훈련을 하고 있었던 것이다.

유튜브에서 댓글은 구독자와의 소중한 소통 방식 중 하나가 된다. 유튜브를 처음 시작했을 때도 모르는 채널에 놀러 가서 영상을 보고 댓글을 많이 남겼다. 그 영상에서 가장 재밌었던 포인트나 기억에 남은 부분을 댓글로 남겼다. 어떤 채널에서는 처음으로 댓글을 받아본다고 감사인사를 남기는 분들도 있었다. 댓글로 소통하다 보면 오고 가는 정이 쌓인다.

기사거리를 보는 것도 좋아하지만 밑에 달린 댓글을 읽는 것도 참 좋아한다. 댓글을 읽다 보면 '이 사람 글 진짜 잘 쓴다!' 싶은 통찰력으로 사건의 핵심을 딱 짚어내는 글이 있다. 댓글에도 용기가 필요하다. 한 편의 글이 부담스럽다면 진심으로 마음에 와닿았던 영상이나 글에 짧은 댓글을 남겨보는 건 어떨까. 용기 내어 쓴 댓글 한 줄은 또 다른 누군가(나처럼 댓글 구걸하는 사람)에게 큰 힘이 되기도 한다.

<엄마의 느린 글쓰기, 한번 해보자!>

Q. 유튜브 <뜬뜬> 「제1회 핑계고 시상식」 영상을 보고, 예능 채널에는 처음으로 댓글을 남겼습니다. 2시간짜리 영상을 보면서 많이 웃었고, 마지막엔 눈물까지 흘리며 감동받았기 때문입니다. 여러분이 가장 애정하는 블로그 또는 인스타그램 또는 유튜브 채널에 댓글을 남겨보는 건 어떨까요?

....

....

....

....

....

....

....

....

....

....

....

....

....

....

내향인의 유튜버 도전기 __ 도전

첫 책을 쓸 때까지만 해도 나는 이제 글로 먹고살 수 있을 줄 알았다. 어설픈 원고로 운 좋게 계약까지 성공했던 게 오만함이 되었다. 그때 한 출판사 편집자님께서 이 책 콘텐츠 영상으로 만들어서 진행하면 대박 날 거라고 조언을 해주셨다. 그 당시에는 '나는 글을 쓰는 사람인데 무슨 영상이냐.'로 생각하고 '네. 감사합니다.' 하며 가볍게 넘겼다. 무명 작가의 첫 책은 별다른 성과가 없었다. 그러다 박막례 할머니의 유튜버 책을 읽게 되고 '나도 한 번 해볼까?' 유튜버에 도전하게 된다.

콘셉트를 이미 가지고 있었기 때문에 부담 없이 시작할 수 있었다. 다만 얼굴을 보이느냐 마느냐. 어디서 찍을까. 아이들은? 목소리 출연은? 집이 너무 지저분한데 등 고민할 게 많았다. 글을 써서 공개하는 것과 영상으로 어딘가에 공개하는 건 차원이 다른 문제였다. 내향적 성향이 내 발목을 잡았다. 유튜브를 시작하면서 진행 사항을 일지로 남겨 채널이 어느 정도 자리 잡으면 짠 하고 책도 내고 싶었다. 새벽 4시까지 편집 작업을 했다. 잠자리에 누워서도 완성한 영상을 계속 돌려보며 영상에 애정을 담던 시절. 다시 하라고 하면 그렇게 열정적으로 덤비지 못할 거 같다. 유튜버 1년 차엔 구독자 1천 명 모으기에 목숨을 걸었다. 그래서 채널의 성격과 상관없이 올리고 싶은 잡다한 영상을 다 올렸다. 나중에 안 사실이지만 같은 주제로 꾸준히 올리지 않으면 알고리즘의 선택을 받지 못한다고 한다. 이 채널은 무엇을 추천해야 할지 몰라 망하는 길로 가는 것이라고. 미리 알았으면 좋았을 유튜브 알고리즘의 진실. 하고 싶은 거 다 했던 초보 유튜버 시절. 결국 질은 떨어지고 나 같아도 안 들어와 볼 것 같은 잡탕 채널이 되고 말았다.

그렇다면 5년이 지난 지금은 어떨까? 아직도 채널의 콘셉트을 명확히 잡지 못했다. 잘 나가는 유튜브 채널들을 보면서 '왜 나는 저렇게 우아하고 품격 있는 영상을 못 만드는 걸까?' 한탄만 하고 있다. '이쯤 되면 책 영상 하나 올릴 때 됐는데?' 의무적으로 영상을 올릴 때도 있다. 그런 날에도 글로 마음을 남겨둔다. 촬영하면서 겪은 비하인드 스토리를 적는다. 악플을 처음 받았던 날. 마음을 따듯하게 해 준 댓글들. 글을 적으면서 유튜브를 시작했던 초심을 떠올려본다. 누가 아무도 시키지 않았고 스스로 하고 싶어서 했던 글쓰기와 책 만들기. 그 이후로 처음 도전한 일이라 정말 잘 해내고 싶었던 마음. 써둔 글을 다시 읽어보면 유튜브를 지속하게 만드는 힘이 되기도 한다. 2~3년 전에 만나 인연을 맺었던 채널 중에 지금은 문은 닫은 곳이 많았다. 최근 영상이 1년 전이 되어버린 채널들. 어쩌면 빨리 손 털고 떠난 그들이 현명할 지도 모른다. 나는 구독자 수, 조회수가 아닌 새로운 창작물을 만들고 있다는 것에 의미를 둔다. 아직 폐쇄하지는 않았다는 것에 뿌듯함을 느끼며 '유튜버' 아직 현재 진행 중이다. 앞으로는 얼마나 더 버틸 수 있을지는 아무도 모른다.

늘 그렇듯 인생은 계획대로 되지 않는다. 유튜버에 도전한 이야기로 쓴 글을 정리해 브런치에 연재해 보고 싶다. 유튜브는 내 삶을 의미 있게 남겨 볼 수 있는 또 다른 방법 중 하나가 되었다. 욕심을 내려놓아야 물 흐르듯 오래 일할 수 있는 건가 보다. 성공보다는 과정을 결과보다는 의미에 더 집중하는 사람이 되어야겠다. 내가 더 사랑할 수 있는 유튜브 채널로 가꾸고 싶다.

<엄마의 느린 글쓰기, 한번 해보자!>

Q. 앞으로 꾸준히 쓰는 사람이 된다면 소규모 '글쓰기 모임'을 만들고 싶다. 또 꾸준히 읽는 사람이 된다면 '책 모임' 운영에 도전해 보고 싶다. 여러분이 새롭게 도전하고 싶은 분야는 어떤 건가요?

....

....

....

....

....

....

....

....

....

....

....

....

만다라트를 아시나요? __ 목표

10월의 마지막 날을 향해간다. 올 초에 세운 목표를 기억하는가? 나의 목표는 '매일 2편의 글을 써서 공개한다.' '운동도 열심히 해서 다이어트에 성공한다.' '아이랑 영어 공부하면서 영어 울렁증을 극복한다.' 비장했던 새해 목표는 온데간데없이 사라졌다. 균형 잡힌 목표를 잡고 마음먹은 습관을 오래 유지할 수 있는 방법은 뭘까?

'만다라트'라는 목표달성 도구를 알게 되었다. 먼저 큰 틀 8가지를 정한다. 내가 정한 큰 틀은 작가, 유튜버, 건강, 부자, 미니멀, 엄마, 아내, 꿈 성장이라는 키워드를 잡았다. 그 다음 큰 키워드를 중심으로 8가지 구체적인 내용을 작성하는 것이다.

가장 먼저 작가라는 큰 키워드에 적힌 세부 항목은

- 글쓰기 책을 내는 것
- 자존감이 올라간다.
- 책 리뷰와 글쓰기로 삶의 변화를 이야기한다.
- 문해력 글쓰기
- 청소하고 '내돈내산' 한 것들
- 엄마표 영어
- 따뜻한 세상
- 독서 자격증 취득

행여 누가 내 목표를 보게 될까 봐 두렵다. '너 이렇게 거대한 꿈을 가지고 그 모양으로 사는 거야?'라며 비아냥거릴 거 같다. 하지만 꿈과 목표를 적는 시간만큼은 나를 응원하고 지지해야 한다. 꿈을 적는 종이 위는 가장 안전한 공간이라고 믿어야 한다. 작가가 되기 위해 내가 매일 노력해야 할 글쓰기 분야를 적어 본다. 또 무엇을 쓸지 주제를 작성하고 실천함으로써 내가 얻을 수 있는 최종 목표를 적는다.

두 번째 건강에서는 물 1리터 마시기, 주 3회 운동, 배우고 싶은 운동들, 집밥 먹기, 수면 시간 지키기 등으로 구체적인 칸을 채워본다. 하나둘 채워지는 공간을 보면서 벌써 건강해진 기분이 들기도 한다. 마지막 꿈, 성장 항목은 나의 최종 목표다. 세상에 태어난 증거로 선한 영향력을 남기는 것이다. 그 꿈을 위해 오늘도 부지런히 글을 쓰고 나누며 내 꿈을 가꾸어 간다.

만다라트의 장점은 인생을 균형 있게 살게 해 준다. 각기 다른 주제로 8개의 키워드를 고른다면 좀 더 균형 잡힌 삶을 살아갈 수 있다. 바쁘다는 핑계로 삶이 한 쪽으로 치우치는 경우가 많다. 한쪽으로 치우친 삶은 꼭 탈이 난다. 결국 내가 감당하지 못할 정도로 채울 수 없는 공허함이 생기기도 했다. 아이의 어린 시절 시간을 같이 보내는 엄마가 되고 싶었다. 막상 그런 엄마가 되고 보니 나만의 일을 가지고 싶었다. 첫아이가 태어나고는 글을 쓰고 싶었고 둘째아이가 태어나고는 유튜버가 되고 싶었다. 그 사이에도 틈틈이 다른 일에 욕심을 부렸다. 글과 유튜브에 정신이 팔려 아이들의 어린 시절을 눈과 마음에 가득 담지 못했다. 여유가 없었다. 삶을 살아가는 데 균형을 맞추는 것이 중요하다는 것을 몸소 깨달았다. 내가 할 수 있는 일, 운동, 취미, 잘 먹는 것, 나만의 시간을 갖는 것, 균형을 맞춘 소소한 행복 양념들로 하루를 채워본다. 그렇게 쌓인 하루는 후회 없는 인생으로 마무리될 것이다.

이 글을 쓰면서 마음 한구석이 찔린다. 『엄마의 심야책방』에서 목표 설정 도구로 '꿈의 지도'를 그려보라고 권하는 내가 스쳐 지나갔기 때문이다. '꿈의 지도'도 좋고 '만다라트'도 좋다. 어떤 것이 되었든 꿈과 목표를 작성해 보고 그 목표를 눈과 마음에서 멀어지지 않게 매일 점검하는 것. 그것만이 인생에서 길을 잃지 않는 유일한 방법이다.

당신의 만다라트에는 어떤 키워드가 담겨 있는가? 그 키워드를 쓰는 순간 당신은 이미 시작점에 올라 있는 것이다. 이제 발을 떼어보자.

<엄마의 느린 글쓰기, 한번 해보자!>

Q. 어두운 바다 한가운데에서도 길을 잃지 않도록 인생의 등대가 되어 줄 나만의 만다라트. 당신의 키워드 8가지는 무엇인가요?

....

....

....

....

....

....

....

....

....

....

....

....

....

....

....

....

....

천 살 먹은 나의 아저씨 _ 명언 노트

　방 한쪽 벽에는 포스트잇에 옮겨 적은 글들이 덕지덕지 붙어 있다. 주로 글쓰기를 위한 팁이나 마음을 안정시키기 위한 글이다. 벽 한쪽이 도배될 것 같았다. '세상의 좋은 것은 모두 거칠고 자유롭다. 데이비드 소로.'라는 좋아서 붙여 둔 메모. 혹여나 놀러온 손님이라도 본다고 생각하면 왠지 얼굴이 붉어질 정도로 민망해졌다. 안 되겠다. 정리를 해야겠다. 문방구로 가서 A5 연습장 구역에서 보물을 찾듯 가장 두껍고 튼튼한 연습장 한 권을 구입했다. 어느 장을 펼쳐도 내가 힘을 얻을 수 있는 글로만 모아둔 나만의 명언 노트를 만드는 것이다.

　일단 3개의 파트로 나누었다. 인생, 글 쓰는 일, 육아. 책을 읽어나 영상을 보면서 마음에 스치는 지점을 만났을 때 명언 노트에 옮겨 둔다. 예전에 모아둔 글도 이곳에 차곡차곡 자리를 잡는다.

첫 번째 파트는 삶에 지친 날이 있다. '어떻게 살 것인가?'라는 질문에 유시민 아저씨의 답을 옮겨 적는다. '본성대로 살아가라.' 그분의 말씀이 강하게 날아와 마음에 꽂힌다. 아무래도 남들 따라 하려다 힘든 날이었나 보다. 또 어떤 날에는 하이데거의 '삶은 유한하다'라는 짧지만 깊은 한 문장을 적으며 '삶은 유한하다. 그럼 나는 어떤 삶을 살아야 할까?' 명상에 잠겨 보기도 한다.

두 번째 파트는 글쓰기로 끝도 없이 추락하는 나에게 동아줄을 내어주듯 명언 노트를 펼친다. '책은 나 자신과 만나기 위해 읽는 것이다.' 그레구아르와 책방 할아버지의 명언을 재해석해 본다. '글은 나 자신과 만나기 위해 쓰는 것이다.' 엄청난 글을 쓰는 게 아닌 그저 나 자신의 한 부분을 만나기 위해 쓰는 것. 관점의 변화만 생겨도 마음이 한결 편해진다. 가성비 최악인 글쓰기를 하고 있을 때면 자꾸만 내가 멍청하고 쓸모없는 짓을 하고 있다는 생각이 든다. 그럴 때면 먹구름을 지워줄 나의 글쓰기 선생님들의 명언을 읽으며 마음을 다잡는다.

세 번째 파트는 육아. 아이를 키우면서 내가 참 별로인 사람이라는 걸 나의 바닥을 보면서 매일 깨닫는다. 왜 사랑스러운 엄마가 되지 못할까. 죄 없는 아이들에게 왜 화를 낼까. 아이의 장점 대신 단점만 붙들고 걱정이 깊어질 때면 명언 노트를 펼쳐야 할 타이밍이다. 명언 노트를 열면 오은영 선생님이 종이 위에 앉아 계신다. (반갑습니다.) 아이와 부대끼며 함께할 시간은 길어야 10년이다. 나도 이제 중반을 넘어 함께할 시간이 얼마 남지 않았다. 명언 노트를 부지런히 채우고 넘겨보면서 아이도 키우며 나도 성장하는 시간을 가져 본다.

매일 아침 한 장씩 읽어보는 게 목표였는데 날마다 펼쳐보지는 않는다. 옳고 바른 따분한 이야기만 바라보고 있기에 세상은 재밌는 일들이 너무도 많다. 하지만 마음이 지친 날엔 어김없이 명언 노트를 집어 들게 된다. 그 어떤 유명한 책보다 나를 위한 글이 가득 채워진 명언 노트는 나만의 특별한 처방전이 되어준다.

<엄마의 느린 글쓰기, 한번 해보자!>

Q. 저의 명언 노트 첫 장에는 '본성대로 살자.'라고 적혀 있습니다. '어떻게 살 것인가?'라는 질문에 유시민 작가가 알려준 답이었습니다. 어떤 선택의 순간에 저 문장을 떠올리려고 노력합니다. 여러분도 마음 한 구석에 품고 다니는 명언이 있나요?

....

....

....

....

....

....

....

....

....

....

....

....

....

....

우리 집으로 가자 ♬ _ 덕후

친구를 만나면 주로 무슨 이야기를 하는가? '요즘 재밌는 거 뭐야? 뭐에 빠져 있어?' 친구의 관심사를 물어본다. 요리에 빠져 있는 친구도 있고, 살림살이 바꾸기에 빠진 친구, 집 정리 또는 넷플릭스에 빠져 있는 친구도 있다. 친구의 관심사를 통해 나도 새로운 매력에 살짝 발 담가볼 수 있다. 글을 써야 하는데 뭐부터 써야 할지 모르겠다면 내가 좋아하는 것을 떠올려 본다. 친구를 앞에 앉혀 놓고 실컷 떠들 수 있는 이야기. 그게 나만의 주제가 될 수 있다.

나는 책을 좋아한다. 미친 듯이 좋아했다. 아마 죽기 전 내가 가진 물건들을 하나씩 정리해야 한다면 마지막엔 책 한 권이 남을 것이다. 책을 읽고 있는 내 모습도 좋았다. 그 때만큼은 감정이 요동치지도 않았고 시간을 흥청망청 보내는 거 같지도 않기 때문이다. 책을 읽고 있으면 마치 내가 더 나은 사람이 되는 것 같은 착각에 빠져든다. 그 덕에 계속 책을 읽었고 자연스럽게 책 이야기 하는 게 좋았다. 책 수다로 모자라 책 한 권을 쓰게 되었다. 좋아하는 걸 기록했더니 한 편의 글이 되었고, 글이 모여 책 한 권이 완성되었다.

TV 속 연예인은 어떤가. 얼마 전까지 〈우리집〉 준호의 덕후였다. 그분이 나오는 드라마, 음악 프로그램, 콘서트 영상은 물론이고 데뷔 초 때부터 최근 인터뷰 영상까지 싹 찾아보게 되었다. 밤새도록 드라마를 보면서 울고 짜던 소중한 시간들. 좋았던 대사는 정성들여 메모한다. 드라마 메이킹 영상을 보면서 촬영 뒷이야기까지 샅샅이 찾아보게 되었다. 나는 준호를 왜 좋아하게 되었을까. 어떤 점에 끌렸을까. 연습생 때의 설움, 춤 연습 하면서 겪었던 사고, 혼자 숙소에 남아 있을 때의 외로움 등. 그의 비하인드 스토리를 찾아보면서 점점 더 빠져들었다.

또 하나는 지독한 노래 덕후다. 꽂히는 노래를 발견하면 한 노래를 질릴 때까지 듣는다. 듣는 것으로 끝나는 게 아니라 직접 노래를 불러서 셀프 뮤직 비디오까지 한 편을 만든다. 그제야 노래를 떠나보낸다. 그렇게 사연을 가진 노래들이 하나둘 쌓이고 있다. '심야책방' 유튜브 채널에서 노래가 제법 많은 지분을 차지하고 있다. (이러니 구독자 수가 늘지 않는 건가) 임영웅의 노래에 꽂히면 발라드, 아이돌 댄스곡에 빠지면 챌린지 춤을 연습한다. 준호 덕후에 이어 아이돌 댄스를 배우는 내 모습에 남편은 이제 그만 철 좀 들라며 혀를 끌끌 찬다.

『좋아하는 마음이 우리를 구할 거야』 김지혜 작가는 BTS 아이돌 덕질을 주제로 책을 썼다. 너무 재밌게 읽었다. 좋아하는 한 가지를 정해 친구랑 이야기하듯 써 내려가 보자. 아마 A4 한 장이 모자라게 느껴질 지도 모른다. 시리즈처럼 긴 글이 나올 수도 있다.

<엄마의 느린 글쓰기, 한번 해보자!>

Q. 요즘 저의 알고리즘에는 <개는 훌륭하다>의 강형욱 훈련사가 자주 등장합니다. 조만간 강아지 덕후가 되어 있을 것 같은데요. 여러분이 덕질하는 대상의 매력은 무엇인가요?

....

....

....

....

....

....

....

....

....

....

....

....

....

....

....

....

참가해 주셔서 감사합니다 ＿ 공모전

　작가들은 대부분 마감의 힘으로 글을 완성한다고 한다. 나 같은 방구석 무명작가에게는 '마감'이라고 누가 독촉할 일이 없다. 마감은 내가 정하고 내가 못 지키고, 미루고 또 미루면서 한없이 느려진다. 하지만 나에게도 초인적인 집중력을 발휘하게 되는 순간이 있다. 바로 공모전에 참가했을 때다. 지루하게 혼자 글을 쓰다 보면 성장을 위한 적당한 자극이 필요할 때가 있다. 그럴 때면 지역 행사 공모전에 참가해 본다. 나의 목표는 신춘문예당선 같은 큰 공모전에서 상을 받는 게 아니라 오늘도 내일도 꾸준히 쓰는 사람이 되는 것이다.

　중, 고등학교 소녀 시절. 라디오에 푹 빠져 종종 사연을 보내기도 했다. 사연 소개 시간이 되면 내 글이 소개되는지 귀를 쫑긋 세우고 라디오 앞에 앉았다. 행여나 놓칠세라 화장실도 못 가면서 마음을 졸이던 시절이 생각난다. 아마도 내 인생 최초의 등단이지 않았을까. 그 시절 〈파스텔〉이라는 잡지 맨 뒷장에는 구독자 사연을 싣는 코너가 있었다. 구독자 사연에 진심이었던 나는 친구들에게 보내는 메시지를 사연으로 보냈다. 글이 잡지에 실리면 잡지를 몽땅 사서 친구들에게 한 권씩 선물했던 경험이 있다. 허허. 지금 생각하면 싱그러웠던 청춘의 민낯이었다.

남편은 타 회사 사보를 모아보는 게 취미였다. 매달 수신되는 우편물이 아마 20군데도 넘었을 것이다. 회사 소식에 관심이 있는 것보다 맨 뒤에 나오는 독자 이벤트 참여를 취미로 가진 사람이었다. 신혼 초엔 엽서를 보내며 가끔 당첨도 되는 재미가 쏠쏠했다. 10년이 지난 지금은 우편물을 모두 끊었다. 나이가 들면 귀찮음이 소소한 재미들을 하나씩 지워버린다.

엄마가 되고 나서는 아이들도 참여할 수 있는 공모전에 도전한다. 아무래도 그림 공모전이 많은데 그림에 소질이 있는 건 아니지만 참여를 통해 한 작품씩 완성해 본다는데 의의를 둔다. 식탁에 모여 앉아 '뭘 그릴까?' 구상하는 것부터 시작한다. '오. 코끼리가 엄청 크네.' 아이들과 함께 대화하며 작품을 완성하면 뿌듯함도 크다. 최근에는 편의점에서 주최하는 공모전에서 참가상으로 3천 원 쿠폰을 받았다. 편의점가서 아이스크림 사 먹으면 아이들이 얼마나 좋아할까.

'여수시 시립도서관'에서 진행하는 독서마라톤에 매년 참가한다. 마라톤 코스를 정하고 책을 읽고 200자 이상 리뷰를 남긴다. 읽은 책 페이지가 쌓이면 완주할 수 있다. 완주자에게는 도서대여 권수가 5권에서 7권까지 늘어난다. 책 대여 욕심 때문에 매년 참가한다. 시에서 하는 명칭 공모전에도 진지한 태도로 참여해 본다. 높은 가을 하늘, 공원에서 백일장이 열렸다. 아이들은 그림을 그리고 나는 운문을 썼다. 아무 생각 없이 갔지만 역시 '오늘 마감'이라는 제한에 초인적인 힘을 발휘해 제출했고 장려상을 탔다. 집으로 상장이 온 날. 아이들은 상을 받은 엄마를 부럽게 바라본다. 최근엔 샘터 공모전이 있었다. 도전해 보고 싶었는데 공고문을 출력해 놓고 시기를 놓쳤다. 지금은 공모전 참가는 뒤로하고 『엄마의 느린 글쓰기』 집필 작업에 몰입해야 할 때다.

나만의 길을 찾아가는 두 가지 방법이 있다. 하나는 한 길로만 쭉 가보는 것. 또 다른 하나는 여기저기 도전해 보면서 다른 길을 가보는 것. 나에게는 공모전이 여러 길을 가보는 도전 중 하나였다. 마감기한이 있기에 적당한 부담도 된다. 보잘 것 없어 보이던 글쓰기 취미생활이 당선이라도 되면 마음이 반짝이기도 했다. 앞으로도 부지런히 문을 두드릴 것이다.

<엄마의 느린 글쓰기, 한번 해보자!>

Q. '올콘'이라는 공모전 사이트에 들어가 접수 중인 목록을 쭉 훑어봅니다. 여러분에게도 가슴이 뛰는, 참가하고 싶은 공모전이 있나요?

....
....
....
....
....
....
....
....
....
....
....
....
....
....

아픔이 나를 쓰게 한다 _ 상처

불행이 나를 쓰게 만든다. 고통, 슬픔, 한을 가진 사람은 어떤 방식으로든 이야기로 풀어내야 한다. 표현할 수 있는 최대한 거친, 날 것의 상태로 글을 쓴다. 화가 뭉쳐 있을 때는 욕이 담기기도 한다. 누구에게도 차마 보여줄 수 없어 쓰고 바로 찢어 버려야 할 때도 있다.

누구나 감추고 싶은 아킬레스건이 있다. 물론 나에게도 있다. 마음을 콕콕 찌르는 화제가 나올 때마다 나는 아무렇지 않은 척, 괜찮은 척을 했다. 더 정확히 말하면 스스로 아픈 구석을 모르는 척했다. 아프다고 말할 용기가 없는 사람이었다. 아픈 곳이 있다는 것도 서러운데 사람들이 나를 아픈 사람이라고 색안경을 끼고 볼 것을 생각하면 더 두려웠다. 그러면 괜찮을 줄 알았다. 하지만 상처를 방치할수록 아픔은 깊은 수렁으로 빠지고 있었다. 그 안에 상처받은 어린아이가 혼자 허우적거리며 울고 있었다. 그 아이를 못 본 척 외면했다. 불편한 감정이 들면 피하고만 싶었다. '왜 나만 이상해.'라는 결론으로 감정을 직면하지 못하고 아무에게도 들키지 않으려고 꽁꽁 숨기며 몰래 묻어버렸다.

그래서 책이 좋았다. 내가 느껴보지 못한 깊고 솔직한 표현, 그 감정들이 신기했다. 책을 읽고 나서 감정이 요동쳐도 슬쩍 덮어두면 그만이었다. 스무 살이 넘어 나이로는 어른이 되었지만 마음까지 어른이 된 건 아니었다. 자신의 못난 모습까지 그대로 인정하고 받아들일 수 있어야 어른이 되는 거였다. 나는 아직 어른이 되려면 멀었다. 아이를 낳고 기르면서 우울한 감정은 이제 더 이상은 버틸 수 없다고 한 번씩 터져 나왔다. 더 이상 외면하고 있을 수만은 없었다. 마음에 꽁꽁 숨겨두고 혼자만 아파하던 상처. 한 번은 세상 밖으로 터트려야 했다. 그 오래된 상처가 나를 너무 오랫동안 옭아매고 있었다. 상처 때문에 소중한 인생을 허비하고 있었던 건 아닌지 후회도 되었다. 드러내고 극복하지 않으면 세상을 향해 한 발짝 더 나아갈 수 없었다. 힘든 마음에 정신과를 찾아가 볼까 고민도 했다. 하지만 처음 보는 의사 선생님께 내 이야기를 털어놓는 것조차도 용기가 필요한 일이었다. 시간과 돈, 남들의 시선을 견디고 병원 문 앞까지 갈 수 있는 용기 말이다.

　어느 날, 가까운 몇몇 사람들에게 따지듯 물었다. 왜 그동안 내 상처에 대해 물어보지 않았냐고, 아무 말도 하지 않았냐고. 왜 관심을 가지지 않았냐고. 관심을 가지고 물어봤으면 나는 벌써 도망갔을 나였을 텐데 말이다. 실제로 화를 내지는 않았지만 마음속에서는 스스로에 대한 분노가 차오르고 있었다. 깊은 곳에서 터져 나오는 아픔을 어떻게 수습해야 할지 알 수가 없었다. 한 번도 터트려 본 적이 없었기에.

　글을 쓰면서 나의 못남을 스스로 대면할 수 있었다. 가장 안전한 곳. 종이에 대고 마음 저 깊은 곳에서부터 최근까지 이어져 온 감정을 그대로 적어본다. 생각나는 대로 차근차근 적어 본다. 마음의 병이 어디서부터 시작되는지 천천히 되짚어 본다. 스스로 치유하지 못할 수도 있다. 하지만 치료를 받기 위해서라도 나에게 무슨 일이 있었는지 그 과정을 차분히 정리한다는 생각으로 나열해 본다. 못난 구석을 드러내고 인정하고 나서야 인생의 작은 행복들이 선명하게 보인다. 그동안 못남을 인정하지 못해서 자잘한 행복을 놓치고 살았다는 생각이 든다. '나는 원래 그래. 이런 나라도 괜찮아.'

라고 스스로에게 말해주는 시간이 필요했다.

안개가 자욱하게 내려앉아 가끔 소나기로 몸을 가눌 수 없을 때 글쓰기는 내게 말한다. 곧 구름이 걷히고 해가 뜰 거라고. 분노와 아픔으로 가득했던 마음에 잠시 비를 피할 우산이 되어 준다.

<엄마의 느린 글쓰기, 한번 해보자!>

Q. 글쓰기로 아픔을 모두 도려낼 순 없습니다. 하지만 글을 쓰면서 억
눌렸던 자신을 표현해 보는 건 치유의 시작이 됩니다. 오랫동안 나를
짓누르던, 덮어두고 싶은 상처가 있나요?

미리 쓰는 장례식 초대장 __ 죽음

아이 그림책 중에 『존 할아버지와 함께한 토요일』이라는 '죽음'을 다루는 책이 있다. 존 아저씨는 지인들에게 자신과 관련된 추억이 담긴 물건을 하나씩 가지고 와달라며 유쾌한 파티에 초대한다. 그 파티는 바로 아저씨의 장례식이다. 미리 장례식을 해서 마지막 인사를 나누고 싶은 아저씨의 소망이었다. 책은 죽음을 너무 슬퍼하지 말라고, 함께 나눈 추억 속에서 함께 할 수 있다고 말해준다. 존 할아버지의 장례식 파티에 아무 생각 없이 아이들에게 책을 읽어주던 엄마의 눈시울이 붉어져 있었다.

남편이 취업을 준비하다 만나게 된 선생님께서는 늘 인성을 강조하셨다. 독서를 중시하셔서 적지 않은 나이에도 독후감 숙제를 하면서 낑낑대던 남편의 모습이 떠오른다. 3인 학습이라는 걸 처음 알게 되었고 교육에 정말 관심이 많은 분이라 생각되었다. 감사하게도 결혼식 때 주례를 봐주셨다. 얼마 전 선생님이 돌아가셨다는 연락을 받았다. 신혼여행을 다녀와서 감사 인사를 드리고, 10년 동안한 번도 찾아뵌 적이 없어서 더 죄송한 마음이 컸다. 장례식장에서환히 웃고 계신 사진을 보니 '너희들 알콩달콩 잘 살고 있지? 내가위에서도 쭉 지켜볼 거야.'라는 선생님의 음성이 들리는 것 같았다.

『아침에는 죽음을 생각하는 것이 좋다』라는 책의 제목처럼 죽음이 있기에 삶은 더 강렬하고 소중하다. '죽음.' 나에겐 오지 않을 것처럼 자꾸만 잊고 산다. 지구상에서 허락된 시간을 후회 없이 살고싶다. 나라는 사람이 사라지고 난 후 남은 세계를 상상해 본다. 남편과 아이들이 남은 자리에 나를 대신해 어떤 사람이 들어올까. 그누군가는 내 자리를 어떤 모습으로 채울 수 있을까? 또 내 손길이없이 사회로 나간 아이들은 잘 지낼 수 있을까? 우리 남편은 불만이 많은 사람인데 이제 누구한테 이야기하려나. 마음이 먹먹해진다. 이런 마음이 들 때 조용히 남편에게, 아이들에게 편지 한 장을남겨본다. 또 내 장례식에 초대하고 싶은 사람들에게 보내지 않더라도 편지 한통을 남겨 보는 건 어떨까.

당연한 시간들로 살아가지만 우리 삶은 언젠가는 마감을 한다. 오늘이 될지 내일이 될지 누구도 알 수 없다. 장례식장에 다녀온 날은 인생의 허무를 느끼며 삶이 있는 것처럼 '죽음'도 늘 가까이 있다고 느끼게 된다. 이 세상을 다녀 간 이야기, 내가 사라지고 나서의 이야기를 남겨 보고 싶다. 죽음이 우리 곁에 있기에 삶이 소중하다는 걸 늘 잊지 말자.

<엄마의 느린 글쓰기, 한번 해보자!>

Q. 먼 훗날, 내 장례식에 참석해 줄 사람들 얼굴을 한 명씩 떠올려 봅니다. 생의 마지막 날, 소중한 사람들에게 남기고 싶은 메시지가 있나요?

....

....

....

....

....

....

....

....

....

....

....

....

....

....

사라진 시곗바늘 _ 시간

새해가 되면 다이어리를 새로 구입하는데 끝까지 써본 적이 없다. 3월을 넘기기가 힘들었다. 앞쪽만 빽빽하고 뒤로 갈수록 횅해지면서 중도 포기하고 만다. 다이어리 한 권을 끝까지 꼼꼼하게 쓰는 사람들을 보면 존경스러웠다. 그 사람이 1년을 쓴 다이어리 안에 담긴 자신만의 시간과 이야기가 부러웠다.

처음 글을 쓸 때 하루 중 기억에 남는 일로 일기를 쓰기로 했다. 밤이 되면 '오늘 나 뭐 했더라?' 기억을 떠올리는 일이 점점 벅찼다. 돈을 쓰면 영수증이라도 확인할 수 있는데 시간은 어디론가 흔적도 없이 사라지고 만다. 시간은 다 어디로 사라진 걸까. 매일 주어진 24시간이 돈이었다면 이렇게 흥청망청 사라지게 내버려 두지는 않았을 텐데.

나는 시간에 늘 끌려 다니는 사람이었다. 그러다 시간이 표시된 다이어리를 알게 되었다. 내 하루를 시간 단위로 기록해 본다. 아이들 등원 준비, 설거지, 청소기, 밥 준비하는 시간, 아이와 노는 시간, 책 읽는 시간, 글 쓰는 시간 등 시간 단위로 기록해 본다. 오늘 하루는 어디에 시간 투자를 많이 했는지 알 수 있었다. 대부분이 육아로 보내는 시간이었다. 기록을 통해 나의 하루가 결코 헛되지 않았다는 걸 눈으로 확인하게 된다. 그렇게 쌓여가는 하루의 기록을 통해 이제 시간을 내가 원하는 방향으로 설계할 수 있게 되었다.

시간 앞에 빨간색, 초록색, 검정색으로 색깔을 표시한다. 빨간색은 나를 위해 투자한 시간을 나타낸다. 예를 들어 글쓰기를 하거나 유튜브 영상을 만들었을 때 빨간색을 표시한다. 초록색은 성장에 도움을 주는 시간을 의미한다. 운동을 하거나 책을 읽은 시간에 표시한다. 아이들과 함께하는 시간은 파란색으로 나타낸다. 나머지는 검은 색으로 잠을 자거나 식사 시간, 청소나 휴대폰을 본 시간을 나타낸다. 하루 동안 나타난 색의 분포를 보면 어떤 하루를 보냈는지 한 눈에 알 수 있다. 시간별로 표시하는 다이어리를 시작하고 6개월 이상 꾸준히 쓰고 있다. 드디어 나에게도 1년짜리 시간이 담긴 다이어리 한 권이 생길 것 같다.

<엄마의 느린 글쓰기, 한번 해보자!>

Q. 나를 관찰한다는 기분으로 하루를 24시간으로 쪼개서 일상을 체크해 보세요. 당신의 하루는 어떤 모습인가요?

....

....

....

....

....

....

....

....

....

....

....

....

....

....

....

....

4장

느려도 괜찮아, 엄마도 자란다

: 성장

글쓰기에 특별한 방법이 있는 건 아니다.

꾸준히 쓰다 보니 쓰는 사람이 되어 있었다.

어쩌다 잘 써지는 날이 오기도 했다.

마음의 근육을 기르는 일

건강검진에서 주 3회 운동을 하냐는 질문에 뜨끔한다. 운동을 시작하면 늘 한 달을 넘기지 못했다. 달리기, 걷기, 홈트, 자전거 시작하고 얼마 못 가 쉴 핑계를 찾는다. 덕분에 몸은 언제 병원 신세를 지어도 이상하지 않을 정도로 매일 여기저기서 아우성을 친다. 하루라도 안 아픈 구석이 없다. 건강은 건강할 때 지키라는 진부했던 말을 나이 먹고 온몸으로 깨닫고 있다. 건강할 때 제때 지키지 못하면 병든 몸이 경고 신호를 보낸다. 밤을 새우며 놀아도 다음 날이면 정상 생활이 가능했는데 지금은 수면 시간이 조금만 줄어도 쉽게 회복되지 않는다. 몸에 무리가 되는 일에 쉽게 덤비지 못한다. 건강 탓에 스스로 위축되고 자신감이 떨어진다. 몸을 지키기 위해 건강한 음식을 하루 세 끼 섭취해야 하고 하루 3번 양치를 한다. 식단을 짜고 주 3회 운동 시간을 계획하고 비싼 헬스장에 등록하기도 한다.

마음 건강을 위해서 내가 하는 건 무엇인가? 예전엔 영감이 떠오를 때까지 글쓰기를 미뤄뒀다. 하지만 영감이 떠올라도 글쓰기 훈련이 되어 있지 않으면 내가 원하는 대로 표현할 수가 없었다. 탄탄한 글쓰기 근육이 만들어지지 않은 상태로는 영감이 찾아와도 표현할 힘이 부족한 것이다. 나는 천재 작가가 아니다. 어느 날 문득 영감이 떠올라 손이 보이지 않을 정도로 빠르게, 시간이 가는 줄도 모르게 밤새도록, 한 자리에 집중해서 글을 써 내려가는 일은 절대 없다는 뜻이다. 글만 쓰려고 마음먹으면, 책상 정리가 하고 싶어진다. 연습장에 낙서를 끄적이기도 하고, 핸드폰을 만지작거린다. 안 뜯고 쌓아둔 택배 상자를 뜯기도 한다.

그렇다면 억지로 글을 쓰는 게 도움이 될까? 쓰기 싫은 마음에 해보지도 않고 의심을 키웠다. 날마다 쓰는 이유는 뇌가 더 이상 글쓰기를 낯설어하지 않길 바라는 마음의 훈련이다. 매일 같은 자리에 앉아 정해진 시간에 손가락을 움직여 글을 써보는 연습. 그게 가장 중요한 글쓰기 훈련이 된다. 글쓰기로 나를 확인한다. 안 좋은 감정을 뱉어내며 후련함을 느끼고, 좋은 감정은 더 오래도록 간직하게 해주는 마음을 회복하고 건강하게 단련하는 일. 그게 글쓰기라고 생각한다. 나는 너무 늦게 깨달았고 지금이라도 깨닫게 되어 다행이었다. 마음도 가꾸어야 한다는 걸 이제야 알았다. 이제 꾸준히 몸과 마음의 근육을 길러 건강하게 살아가고 싶다. 매일 글쓰기는 마음의 근육을 키워 준다.

운동을 규칙적으로 하다 하루라도 쉬면 뇌는 다음 날 바로 거부 반응을 보인다. 어제도 쉬었는데 오늘도 쉰다고 뭐 달라지는 게 있을까? 하루 더 쉬는 게 편할걸? 글쓰기도 마찬가지로 한 번 쉬면 이 악물고 쌓아오던 습관이 온데간데없이 사라진다. 다시 0부터 에너지를 끌어올려야 했다. 오늘 하루가 더 밀리면 내일은 배로 힘들어진다는 걸 누구보다 잘 알기에 열심히 키보드를 두드려 오늘 치 글쓰기를 채워본다. 운동할 때는 숨이 차오르듯 죽을 만큼 힘든 순간이 찾아온다. 그 순간을 넘기고 나면 '와. 해냈다!' 뿌듯함에 성장한 기분이 든다. 글쓰기도 그렇다. 영감보다 습관이 먼저다. 어딘지 모르게 마음 한 구석에서 막막하고 불편하고 그만두고 싶은 마음이 밀려온다. 그 마음을 덮어두고 한 편의 글을 끝까지 완성하고 나면 그렇게 뿌듯할 수가 없다. 마음 안에서 수백만 가지의 불만이 튀어나와도 잠재울 수 있는 건 그저 종이 위를 뚜벅뚜벅 걸어가는 행위뿐이다. 기초체력을 기르듯 책상 앞에 앉아 머리를 쥐어짜서 글 한 편을 만들어 보는 일. 억지로라도 쓴 글이 어쩌면 나를 계속 쓰는 사람으로 만들어주었다.

좋은 글이란

사사건건 남편이 미워졌다. '저 인간은 매일 술만 마시고 독설을 내뱉는다. 더 이상 나를 사랑하지 않아.'라고 생각하면서 꼴도 보기 싫었던 날이 많았다. 우연히 『말 그릇』이라는 책을 읽고 생각이 달라졌다. 일 끝내고 돌아온 남편을 보니 괜히 짠한 마음이 들었다. '저 사람은 회사에서 어떤 생각을 하고, 어떤 스트레스를 받았고, 얼마만큼의 짐을 떠안고 집으로 돌아왔을까?' '나는 저 사람을 얼마나 알고 있을까?' 색 안경을 낀 것처럼 미운 모습에만 집중하고 봤는데, 책은 그 사람의 뒷모습을 보게 해 주었다.

육아서를 읽다가 '아이에게 화가 나는 지점. 그 부분이 바로 당신의 안 좋은 점을 아이에게 투사해서 보는 겁니다.'라는 글을 읽고 마음이 쿵 하고 내려앉았다. 아이는 내 모습을 보는 거울과 같은 존재였다. 내가 지독히도 화를 내던 그 지점이 나의 못남을 참지 못한 분노였다니. 이제 화가 나면 아이와 대치 상황에서 심호흡을 세 번 한다. 그리고 내 안에서 올라오는 화가 무엇 때문인지 정확히 파악해 본다.

늘 마음이 깨지고 상처받는 사람이었다. 이제는 나를 지키는 방법을 고민하고 연습한다. 좋은 글은 누구나 알아들을 수 있는 쉬운 언어로 생각을 바꿔주고, 행동하게 하는 글이다. 꽉 닫혀 있던 내 마음에 살포시 노크 한다. '네가 모르는 게 있을 수 있다'고 속삭여 준다. 그 맛에 글을 끊을 수 없었나 보다. 책은 내가 모르는 다양한 세계를 보여주기에 충분했다.

좋은 글은 마음에 창을 하나 내어준다. 창을 통해 다른 사람을 이해하기도 하고 나를 들여다보기도 한다. 내가 몰랐던 것을 창을 통해 본다. 내 글은 과연 좋은 글일까? 내 글도 다른 누군가의 마음에 닿아 창을 만들고 잠깐의 환기를 시켜줄 수 있을까? 좋은 글이 나를 쓰게 만들었고, 글을 나누고 싶게 했다. 내 글도 또 다른 이에게 선한 영향력으로 닿을 수 있길 바라본다. 앞으로도 많이 읽고 꾸준히 쓰는 사람이 되고 싶다.

구체적이고 생생한 글에서는 감칠맛이 난다

시시콜콜한 이야기를 나누는 사람을 '가족'이라고 한다. 나는 오늘 가족들과 꼭 알아야 할 중요한 이야기 말고 작고 작은 시시콜콜한 이야기를 몇 마디나 나눴을까.

어릴 적엔 지금보다 더 말이 없는 아이였다. 그나마 사회생활을 하면서 나도 살아야겠기에 말을 좀 섞는 수준으로 변했다. 여전히 '말 할래. 안 할래?' 선택하라면 '안 할래.' 쪽을 선택한다. 안 하는 쪽이 나에겐 훨씬 편하다. 그래서 말이 많은 사람들이 부러웠다. 말을 잘하는 친구나 동료를 보면 신기했다. '어디서 말이 저렇게 많이 나올까?' 나라면 '잘 다녀왔어.' 하고 끝날 이야기를 '가기 전부터, 가면서, 가서, 다녀온 후의 이야기까지.' 마치 내가 같이 다녀온 것처럼 생생하고 구체적으로 이야기하는 사람. 그런 사람의 말하는 능력이 부러웠다. 길다고 다 좋은 건 아니지만 영화를 보는 듯 구체적이고 생생한 이야기는 글이든 말이든 더 맛깔나게 해준다. 나는 어른이 되어서도 말을 잘 못하는 사람이다. 어쩌면 마음 놓고 오랫동안 나만의 이야기를 늘어놓을 상대가 없어서였을까.

글쓰기는 달랐다. 하얀 종이는 이야기를 시작하고 끝내는 것도, 앞으로 가고 다시 뒤로 가는 것도 자유로웠다. 정리가 될 때까지 한없이 기다려줬다. 언제든 내 이야기가 끝날 때까지 기다려주는 종이가 있었기에 마음 놓고 이야기할 수 있었다.

'나는 오늘 산에 다녀왔다.'라는 문장을 '남편이 쉬는 날, 집 근처 마래산에 4년 만에 올라갔다. 발걸음이 코끼리가 된 것마냥 무거웠지만 막상 마을 전체가 한눈에 내려다 보였다. 송골송골 맺힌 땀방울을 스치고 가는 가벼운 바람은 그 어떤 얼음골보다 시원하게 느껴졌다. 내려오는 길에 남편이 건넨 매실 사탕 한 알에 그의 다정함이 온 마음에 채워지는 것 같았다.'로 표현해 본다. 오감을 이용한 구체적 글쓰기는 글을 더 생생하게 만들어 감칠맛을 더해 준다.

에세이는 읽는 이로 하여금 마치 그 자리에 있었던 사람처럼 느끼게 해주는 거라고 한다. 내 글은 읽는 이에게 과연 어떤 것을 경험하게 해줄 수 있을까? 내 상황을 재경험할 수 있도록 생생한 이야기를 남겨 본다. 말은 없는 작가지만 글은 풍성해질 수 있도록 글수다를 펼쳐본다. 내 이야기에 마음을 기울여 들어주는 사람이 앞에 있다고 상상하며 최대한 친절하고 구체적인 글을 써보기로 다짐한다.

나의 글쓰기 선생님

내 글이 어디로 가고 있는지 쓰는 나도 잘 모르겠다. 과연 책이 될 수 있을지 정말 모르겠다. 지금 쓰고 있는 글의 현재와 미래를 누군가 평가해 주면 좋겠다. 글에 대한 끝없는 의심은 손을 자꾸만 멈추게 했다. 그럴 때면 글쓰기 학교라도 가서 전문가에게 조언을 받으며 배우고 싶은 마음도 굴뚝 같았다. 요즘은 글쓰기 강의도 정말 많던데 '한번 들어 보는 건 어떨까?' 근데 막상 들었다가 '선생님이 나와 안 맞으면 어떡하지?' 또 '이 글 내일까지 완성해 오세요.' 과제물도 있을 텐데. 정해진 틀에 맞춰 따라갈 자신이 없었다. 그래서 홀로 고독한 글쓰기를 즐기고 있는 나였다. 또 누군가 대놓고 내 글을 비난한다면 상처로 글쓰기를 아예 놓아버릴 수 있는 유리 멘탈이었다. 그걸 잘 알기에 글쓰기를 배우러 가는 것도 꺼렸다.

혼자 하기는 능력 부족이지만 또 혼자 해내고 싶은 아이러니한 글쓰기.

 그럴 때 가장 좋은 글쓰기 멘토는 역시 책이었다. 책은 내 글을 직접적으로 평가해 주거나 가르침을 주지는 않는다. 읽으면서 스스로 깨닫고 느리지만 나아가야 할 나만의 방향을 찾을 수 있었다. 책을 읽으면서 글쓰기 슬럼프를 극복하기도 하고 새로운 자극을 받기도 한다. 쓰고 싶은 글의 분위기를 찾기도 한다. 물론 마음먹는다고 그 분위기를 따라갈 수 있는 건 아니지만.

 쓰자고 마음먹었지만 정작 제대로 쓰는 글이 한 편도 없던 시기가 있었다. 죄책감이라도 덜 가지려고 주구장창 읽기만 했다. '읽어야 써진다'는 핑계를 방패삼았다. 그러다 '너 지금 제대로 읽는 것도 아니야! 그런 식으로 읽기만 하다 결국 남는 건 아무것도 없어.'라며 쓴소리로 뒤통수를 세게 쳐 준 책이 있다. 바로 『쓰려고 읽습니다』라는 책이다. 글쓰기 일타강사 선생님이 되어 주셨다. 이 책을 읽고 그저 읽고만 있었던 지난 몇 년의 시간들이 너무 후회될 만큼 나 자신이 한심하게 느껴졌다.

 『쓰려고 읽습니다』가 무서운 호랑이 선생님 같았다면 글쓰기 친구와 수다 떨듯 다정한 말로 위로해 주는 친구 같은 책도 있었다. 저자가 비슷한 연령대의 아이 키우는 엄마면 일단 공감대가 형성이 된다. 얼굴은 모르는 사이지만 '글쓰기'라는 같은 주제로 이야기를 나누고 있으니 오랜 친구 같은 친근감이 느껴졌다. 글쓰기 친구가 되어준 책은 『오후의 글쓰기』라는 책이다.

또 한 권은 『엄마의 심야책방』을 쓸 때 마무리가 안 돼서 속을 태우다가 만난 책이다. 처음 들어보는 작가의 책이라 기대감 없이 들었는데 단숨에 다 읽어버렸다. '지금 쓰고 있는 글로도 충분히 괜찮으니 계속 쓰고 싶은 글을 써 내려가라. 너를 있는 그대로 보여주면 된다.'라는 조언에 글쓰기에 대한 부담을 내려놓았다. 가벼운 마음으로 마무리할 수 있었다. 두 번째 책을 쓰면서 재독하게 된 이 책은 『내 인생의 첫 책쓰기』였다.

글쓰기를 하다 답답하고 영감을 얻고 싶을 때면 책을 펼쳐 든다. 하루에도 몇 번을 브레이크를 걸고 책을 찾아 헤맬 때도 있다. 글쓰기는 하면 할수록 여전히 어렵다. 그렇다고 손 놓고 울고만 있을 순 없다. '누가 나 좀 도와주세요.' 손 내밀고 도움을 요청한다. 책장에는 얼마든지 조언해 줄 글쓰기 선생님이 수십 명도 더 기다리며 있다. 늘 뒤에서 나를 지켜보고 있다. 이 글을 마무리 하면 새로운 글쓰기 선생님으로 『젊은 시인에게 보내는 편지』라는 책을 만나보려 한다. 이번엔 어떤 쓴소리와 다독임으로 글쓰기 한 수 배울 수 있을지 기대된다.

따라 쓰기의 힘

　처음 필사할 책을 고를 때는 읽기 어려운 책을 선택했다. 읽고 싶은 마음은 굴뚝같은데 진도가 안 나가는 책. 민음사 세계문학전집 책을 펼쳐 보면 작고 빽빽한 글씨로 가득 찬 페이지가 사람을 주눅들게 만든다. 작은 글씨에 진도가 잘 나가지 않았다. 그래도 꼭 한 번은 읽어보고 싶었다. 결국 필사로 『무진기행』을 읽게 되었다.

　필사의 좋은 점 하나는 문장을 자세히 살펴볼 수 있다는 점이다. 작가가 고민해서 고른 단어를 어떻게 배치했는지 문맥을 살피며 작가의 정원을 구경하듯 글을 걸어간다. 손으로 쓰거나 타이핑 치며 읽으면 눈으로 읽는 것과 다르게 문장에 더 가까이 선 기분이 든다. 아마 무진기행을 눈으로만 읽었다면 짙은 회색빛인 글의 분위기를 온전히 느끼지 못했을 것이다. 글을 직접 거닐며 행간의 여유까지 느끼는 것과 비행기를 타고 글 위를 쌩하고 빠르게 지나가는 건 차이가 있다.

필사를 하는 또 다른 이유는 좋아하는 작가의 글을 따라 써볼 수 있다는 점이다. 한수희 작가의 책을 필사한 적이 있다. 『무리하지 않는 선에서』라는 책인데 따라 쓰면서 그분의 문체뿐 아니라 여유롭고 따뜻한 인생관까지 닮고 싶어졌다. 문장뿐 아니라 작가가 담아낸 자신만의 경험, 통찰력, 분위기를 필사를 통해 더 깊이 받아들일 수 있었다.

벽이 너무 높아 책 읽기에 엄두가 나지 않을 때도 있다. 하얀 종이가 너무 넓어 글쓰기에 엄두가 나지 않을 때. 좋아하는 글을 옆에 두고 애정하는 작가를 옆에 모셔 두고 필사를 한다. 부지런히 손을 움직여 필사하는 것은 아무것도 할 수 없을 것처럼 굳어 있던 마음을 움직이게 해준다. 글쓰기 전 스트레칭 하는 것처럼 필사는 글쓰기 긴장과 부담을 풀어주는 시간이 되었다.

『그리스인 조르바』라는 책은 필사를 하다 결국 포기했다. 꼭 읽어보고 싶은 책 중 한 권인데 아직 그 책을 소화할 그릇이 못 되었나

보다. 책도 바이오리듬처럼 나의 욕구와 고른 책의 타이밍이 잘 맞아야 술술 넘어간다. 지금은 이슬아 작가의 『심신단련』을 필사하고 있다. 이 책은 읽어보고 싶었던 책이기도 하고, 닮고 싶은 문체의 주인공이기도 하다. 필사하기 좋은 두 가지 이유를 모두 갖춘 책이다. 하루에 한 꼭지씩 쓰는 게 목표인데 글이 너무 좋아 두세 꼭지를 쓰게 되는 날도 있다. 잘 써진 글을 따라 쓰는 필사 시간은 즐겁다. 좋은 글을 보다 보면 내 글쓰는 시간이 오는 게 더 싫어지는 부작용을 겪기도 한다.

내 글엔 어떤 향기가 날까?

"엄마 내가 호 해줄게." 총총총 다가와 작은 입술을 쭉 내미는 아이를 보면 '아. 나도 사랑 받는 사람이구나.' 하고 마음이 울컥할 때가 있다. 일상에서 마음이 툭 건드려지는 순간들. 아이에게 처음 받은 편지를 기억한다. 엄마라고 그려 준 우스꽝스러운 얼굴에 담긴 아이의 마음. '엄마 미안해.'라는 짧은 문장 안에 얼마나 큰 마음이 담겨 있을지 헤아릴 수조차 없었다. 화려하지 않음에도 마음 깊은 곳까지 닿은 글을 보면 늘 진심이 담겨 있었다.

글에 향기가 있다면 내 글은 어떤 향이 날까. 문체만 보고 어떤 작가의 글인지 알 수 있다면 자신의 고유한 문체를 위해 그동안 얼마나 많은 노력을 해 왔을까. 좋은 글은 결국 글쓴이의 고유한 문체를 보여준다. '넌 고유한 문체도 없으면서, 너보다 글 잘 쓰는 사람도 많은데 왜 쓰는 거냐고.' 내가 묻는다. 남보다 잘 쓴 글을 쓰고 싶은 게 아니라 그저 내가 할 수 있는 이야기를 하는 거라고. 나만이 쓸 수 있는 글을 쓰고 있는 거라고 나에게 답을 한다. 마음이 훨씬 편해진다.

똑같은 상황에서도 각자의 시선으로 필터링해서 보고 듣고 느낀다. 어떤 주제를 자기만의 시선으로 정확하게 전달한 글은 잘 쓴 글이다. 그 글은 나에게도 다른 사람에게도 마음에 닿는 글이 된다. 좋은 글을 쓰기 위해서는 나에 대해 더 많이 관찰하고 계속 연구해야 한다. 내 글은 지극히 개인적인 글이다. 내 이야기를 나보다 더 잘할 수 있는 사람은 세상에 없다. 나만 할 수 있는 이야기, 그 이야기에 담긴 특별함으로 나만의 향을 만들어 간다.

내 글로 누군가에게 '책 한 권을 쓰게 해줄게요. 매일 글쓰기에 성공하게 해 주겠습니다.' 같은 공약을 걸지는 못한다. 하지만 삶에 지쳐 방구석 어딘가에서 혼자 괴로워 할 때 '많이 힘들지? 잘하고 있어. 글 쓰면서 생각을 정리해 보는 건 어때?' 하고 손을 내밀어 볼 수는 있다. 나도 몇 년간 글 쓴다고 하면서 정말 형편없이 축 처져 있었다. 내가 종이 위에서 허우적거리는 모습을 보며 '나도 한

번 써볼까?'라는 용기를 얻는 사람이 있길 바란다. '가장 개인적인 것이 가장 창의적인 것.'이라는 봉준호 감독의 말을 기억하며 부지런히 써 나가야겠다.

공개 글쓰기가 두려운 이유

『매우 예민한 사람들을 위한 상담소』 책을 읽다가 '거부 민감성'이
라는 단어를 알게 되었다. 딱 내 이야기였다. 다른 사람에게 거부
당하는 게 유독 민감한 사람. 그게 나였다. 다른 사람에게 부탁해
야 할 일이 생기면 수십 번을 고민했다. '아니. 안 돼.'라는 직접적
인 거부, 상대방의 표정이나 말투에서 풍기는 간접적인 거부까지
분위기로 끊임없이 상대방을 분석하게 되었다. 그래서 관계가 늘
피곤했다. 조금이라도 서운하고 싸한 기분이 들면 결국 혼자 등을
돌리게 된다. 이 사람은 나를 싫어한다고 선을 긋는다. '아 컨디션
이 안 좋은가 보다.' 큰 의미 없이 받아들여야 하는데 행동이나 말
투에 과도한 큰 의미를 부여해서 혼자 곱씹어 생각했다.

'거부 민감증'은 글쓰기 생활에도 그대로 적용되었다. 글쓰기의 가장 큰 두려움은 바로 사람들의 시선이었다. 나의 불편한 마음은 급속도로 온라인 세계에 노출되어 사람들 앞에서 발가벗겨진 기분이 들었다. 글이 어딘가에 박제되어 지금은 아닐지라도 나중에 언젠가는 어리숙한 글로 비난의 화살이 되어 날아오는 상상을 한다. 그럴 바에 아무것도 안 하는 게 훨씬 안전하다는 결론에 다다른다.

첫 책이 나오고 내 인생에서 손에 꼽힐 정도로 찬란한 시간을 맞이했다. "와. 대단하다. 잘 읽어볼게. 잘 읽었어. 감동적이야. 축하해." 이토록 진한 축하의 마음을 그대로 저장해 두고 언제든 다시 꺼내 볼 수 있다면 얼마나 좋을까. 즐거움도 잠시. 100개의 좋은 말보다 1번의 쓴소리는 뒤통수를 제대로 강타하고 말았다. '일기는 일기장에.' 개인적인 일을 왜 굳이 공개적인 곳에 올려서 내 눈을 피곤하게 만드는 것이냐는 속뜻이다. 어쩌면 글을 쓰면서 스스로 그런 생각을 갖고 있었기에 더 깊은 상처를 받았을지도 모른다. 그 멘트는 글을 쓰는 내내 나를 괴롭혔다. 남편과 싸운 이야기를, 나의 어린 시절 이야기를, 우리 아이의 이야기를, 사실 일기장에 쓰고 나만 보면 그만이다. 굳이 공개적인 곳에 쓸 필요는 없었다.

유튜브에서 만난 악플에는 손이 떨렸다. '글 쓰지 말걸. 유튜브 시작하지 말걸.' 모든 걸 그대로 접고 싶었다. 무방비상태로 길 가다 모르는 사람한테 뺨 맞은 기분이었다. '이런 영상 만들어 올리지 말고 애 손이나 잡고 다니라고.' 지금은 지워진 악플이지만 불쑥 불쑥 나를 향해 손가락질하며 삿대질을 한다. 악플이 이렇게 무서운 거구나. 끔찍한 상상은 글쓰기 세계에서도 나를 아주 좁고 어두운 곳에 가두었다. 생각과 글은 앞으로 나아가지 못하고 힘없이 주저앉고 말았다. 세상의 시선이 무서워 자꾸만 움츠러들었다. 공개 글쓰기는 수면 아래 있는 내가 허우적거리며 존재를 세상 밖으로 끌어 올려보는 유일한 길이었다.

이제는 안다. 무엇이든 써 본다. 하얀 종이 위에 몇 자 끄적이다 언제 그랬냐는 듯 꼬리가 한껏 내려와 있을 때 어깨를 도닥이며 스스로에게 말해줘야 한다. 어떤 의견이든 받아들일 수 있는 부분만 수용하면 된다고. 내가 몰랐던 부족한 부분은 배우면 된다. 내 글을 제대로 읽지도 않은 사람이 남긴 무차별적인 공격인 악플은 무대응, 차단, 신고만이 답이다. 그들은 남에게 상처 주는 것에 희열을 느끼는 인간들이다. 악플에 에너지를 너무 소모하면 나만 손해다. 지금도 여전히 내 글을 비난하는 악플을 보면 멘탈은 부서지겠지만 훌훌 털고 빨리 회복해야 한다는 걸 안다. 내 글은 세상 모든 사람을 만족시킬 수 없다. 그걸 인식하고 스스로 단단해지는 힘을 기르는 수밖에. 악플이 무서워 언제까지 숨어 있기만 한다면 거친 세상을 살면서 내가 할 수 있는 일은 몇 안 될 것이다.

비난을 무릅 쓰고 내 것을 꺼내놓아야 성장할 수 있다. 모든 사람을 다 만족시킬 수는 없다고, 그럴 필요도 없다고. 내가 할 일은 그저 온전히 내 진심을 꺼내 놓는 것. 그 마음이 닿는 사람과 함께 하면 된다. 여전히 용기보다는 두려움이 크다. 그럼에도 부지런히 쓰고 나눠야 지금보다 훨씬 단단한 사람이 될 수 있다는 걸 이제는 알고 있다.

공개 글쓰기 플랫폼 장단점 비교

내가 공개 글쓰기를 해 본 곳은 브런치와 블로그, 인스타그램, 네이버 프리미엄 콘텐츠 네 곳이다. 각기 다른 매력을 가진 플랫폼들이다. 자신에게 맞는 곳을 찾아 한 채널만 운영해도 좋고 나처럼 여러 곳 이용해 보는 것도 괜찮다.

블로그

10년 전. 읽은 책의 서평을 남기면서 기록용으로 블로그를 쓰게 되었다. 그때는 작가보다는 '파워블로거'에 욕심이 있었지만 역시 쉽지 않았다.

  – 자격: 아이디를 만들고 자신의 블로그 주소가 생기면 누구나

글을 쓸 수 있다.

- 정보성: 블로그 글은 왠지 정보가 가득해야 할 것 같은 편견이 있다. 식당 메뉴부터 영업시간, 주차장 정보 등등. 나 또한 맛집 정보나 여행 정보 상품 리뷰를 찾기 위해 블로그를 검색하는 경우가 많다. 후기가 많은 만큼 광고성 짙은 글도 많다. 내가 쓰는 글은 정보보다는 일상 에세이에 더 가까운 글이라 '이런 글을 써도 되나?' 싶은 생각이 들기도 한다. 아무튼 내 블로그는 인기가 없다.
- 목록: 폴더별로 나눌 수 있다. 브런치에서 블로그로 넘어온 가장 큰 이유다.
- 건의: 폴더를 나눌 수는 있지만 여전히 올린 순서는 날짜순으로 되어 있을 수밖에 없다. 책의 목차별로 블로그 글의 구성을 만들고픈 마음은 내 욕심인걸까.

브런치

글을 쓰기로 작정한 사람들이 모인 곳이다. 글 읽기를 좋아하는 사람들이 모인 곳이다. 책을 한 권 내고 나서 본격적으로 글쓰기를 해보고 싶어 시작한 곳이 브런치였다.

- 자격: 브런치 작가 신청서를 내고 통과가 되어야 글을 쓸 수

있다. 심사를 통해 '축하드립니다! 브런치 작가가 되셨습니다.' 라는 메시지는 등단이라도 한 것 마냥 기쁨을 가져다준다. 자격이 주어진 만큼 아무나 쓸 수 없다는 자부심이 생긴다. 그만큼 수준 있는 글도 많다. 글쓰기에 있어 좀 더 전문적인 느낌을 가진 플랫폼.

- 공모전: 1년에 한 번 브런치 작가들을 대상으로 공모전을 열어 책 탄생의 기회를 제공한다. 수상작들에는 베스트셀러가 된 책도 있다. 나도 몇 번 도전해 보았지만 좋은 소식은 없었다. 출판사와 바로 연결이 되니 책을 내고 싶은 사람들에겐 아주 좋은 기회다.

- 목록: 내가 생각하는 브런치의 단점은 카테고리를 만들 수 없다는 점이었다. 완성한 글을 모아 책 형식으로 만들 수는 있는데 그 방식이 나에겐 꽤 거창해 보였다. 아직 완성되지 않았을 때도 폴더 별로 모을 수 있으면 좋겠다는 생각을 매번 하고 있었다. (혹시 나만 모르고 있는 걸지도?)

- 태그: 태그를 넣어야 하는데 3개까지밖에 선택이 안 된다. 잡다한 주제들은 받지 않겠다는 효율성도 있다. 하지만 꼭 쓰고 싶은 태그가 있는데 쓰지 못할 때면 다 써놓은 글이 갈 길을 잃은 것 같아 허무함도 밀려온다.

인스타그램

- 자격: 누구든 올릴 수 있다.
- 사진: 사진이 먼저 보이는 공간이기 때문에 사진을 잘 찍어야
  한다. 글이 상대적으로 짧아진다. 짧은 글쓰기로 쉽게 접근할
  수 있다.
- 습관: 매일 글 쓰는 습관을 만들고 싶다면 인스타그램을 추천
  하고 싶다. 일단 사진을 한 장 찍고 거기에 어울리는 글을 한
  줄 쓰는 것이다. 오늘 내가 행복했던 일, 슬펐던 일, 감명 깊었
  던 일, 놀란 일, 처음 해본 일, 마지막이 되었던 일 등. 해시태
  그로 나의 모든 것을 자유롭게 표현할 수 있다.
- 광고: 수익 창출. 월 천만 원. 광고성 짙은 계정들이 나에게 팔
  로우 요청을 한다. 즉시 차단하고 삭제를 하는데 그 과정이 굉
  장히 귀찮았다. 접속할 때마다 한두 개씩은 와 있는데 봐놓고
  삭제를 안 하는 것도 찜찜하고, 계속 차단을 하기에는 귀찮고.
  볼 때마다 마음이 불편해진다.

네이버 프리미엄 콘텐츠

'앗. 이거다! 드디어 글쓰기에 뿌리를 내리고 정착할 곳을 찾았

다.' 싶을 정도로 푹 빠졌던 플랫폼이다. 글은 아무리 써도 바로 돈이 되지 않는다는 점에 어느 순간 마음속 분노가 자리 잡았다. 이곳은 글을 써서 올리고 내 글을 판매할 수 있는 시스템이다. 구독료로 받을 수도 있고 단편으로 글을 팔 수도 있다.

- 장점: 글을 써서 돈이 된다는 점에서 글쓰기 의욕을 끌어올릴 수 있다.

- 단점: 글을 올리고 판매하기까지의 플랫폼 매뉴얼을 보는 데 헉 소리가 나왔다. 나는 복잡한 매뉴얼에 취약하다. 바로 포기하고 싶었다. 이걸 공부하는 바엔 '안 올리고 안 팔겠다.' 싶은 생각이 들 정도였다. 100장이 넘는 매뉴얼을 다 인쇄해서 볼 수도 없는 일이고, 그때부터 의지가 떨어지기 시작했다. 물론 돈이 오가는 플랫폼이기 때문에 더 까다롭고 복잡한 시스템이어야 하는 건 맞다. 그래도 좀 더 쉽게 만들 순 없었을까. 나에겐 너무 어렵게 느껴졌다.

- 존재감: 네이버에서 너무 광고를 안 해주는 것 같았다. 잘 나가는 글은 광고를 해주는지는 몰라도 적어도 브런치 만큼의 인지도는 있어야 활성화가 될 텐데 '네이버 프리미엄 콘텐츠'는 존재 유무를 알고 있는 사람들이 얼마나 될까. 사람들이 많이 알아야 글도 많아지고 더 양질의 플랫폼이 될 텐데 여러모로 글 쓸 맛이 나지 않았다. 그래서 결국 며칠 하다 폐업 수준에 이르고 말았다.

인스타그램은 사진 위주로 올리고 짧은 글로 가벼운 단상을 남기기에 편하다. 블로그나 브런치는 일상에서 좀 더 깊은 속 이야기를 할 수 있는 공간이다. 네이버 프리미엄 콘텐츠는 좀 더 전문적인 돈 받고 팔 만한 글쓰기를 남기는 공간이 되었다. 어느 플랫폼이든 공개 글쓰기를 한다는 건 큰 용기를 낸 것이다. 아이디를 만들고 글 한 편을 올리고 나면 두 번째는 더 쉽다. 글을 쓴다고 마음먹었다면 어디에 올리든 무슨 상관이랴. 좋은 글은 언제라도 누군가에게라도 마음에 가 닿을 준비가 되어 있다. 꾸준히 쓰고 올리는 자가 승리하리라.

로또 당첨보다 조회수 폭발을 기다린다

유튜브에는 나를 기분 좋게 해주는 효과가 하나 있다. 시간으로 집계해서 이번 영상이 조회수 (내가 올린 영상 중) 1위를 하면 작은 폭죽을 팡팡 터트려 준다. 그 폭죽을 보고 있으면 축하받는 기분이 든다. 새로 고침을 눌러 여러 번 축하를 받는다. 남들 조회수 몇만 뷰 영상에 비해 초라한 숫자지만 조용히 팡팡 터지는 폭죽은 나를 충분히 기분 좋게 만든다.

조회수가 천 회가 넘으면 브런치에서 알람이 온다. 처음 받아 본 브런치 메시지에 어리둥절했다. '아. 이런 글도 높은 조회수를 받을 수 있구나.' 그동안 작정하고 쓴 글들은 100이 안 되는 두 자릿수로 자리를 묵묵히 지키고 있었다. 가볍게 쓴 글로 높은 조회수를 받은 글이 두 개 있다. 하나는 '우리 부부가 잘 사는 법: 참치 쌈밥'이라는 제목으로 레시피와 함께 남긴 글이다. 달리기운동을 시작하고 초보 달리기 일지를 꾸준히 작성하고 있었다. 사실 글쓰기보다 30분 달리기 완주가 더 큰 목표였다. 운동을 하다 보니 식단까지 신경을 쓰게 되었고, 간단한 다이어트 메뉴를 만들어 먹었다. 남편과 나는 둘 다 몸이 점점 거대해지고 있었기에 살도 덜 찌면서 포만감도 있었던 메뉴에 고마운 마음까지 들었다. 참치 쌈밥을 자주 만들어 먹자고 약속했다. 운동하고 식단 취향까지 맞으니 부부사이가 돈독해진 기분도 들었다. 작정하고 쓴 글도 아니고 글 안에 큰 의미가 담긴 것도 아니었다. 두 번째 글은 '우리 부부가 잘 사는 법: 생일 때마다 털리는 지갑'이라는 글이다. 지금까지 브런치에 쓴 글 중 최다 조회수(25,000회)를 받은 글이 되었다.

유튜브에서 원치 않은 떡상을 맞이한 적이 있다. 밤을 새워 영상을 올리는 심혈을 기울여 만든 〈엄마의 심야책방〉 본 채널에서는 떡상한 영상이 단 한 편도 없다. 본 채널에서 흥미를 잃은 나는 폐업 식으로 잠시 문을 닫아 놓았다. 단순 재미로 채널을 하나 더 개설했다. 그 채널에서 새로운 버전으로 나온 신상 '킨더조이 언박싱'을 했다. 그 영상이 떡상하고야 말았다. '내 인생에 유튜브 떡상은 없나 보다.' 좌절했는데 이게 무슨 일인가. 킨더조이 영상이 10

만 뷰가 나온 것이다. 아이고. 저걸 심야책방 채널에 올렸으면 저게 다 돈인데. 서브 채널은 수익 창출이 되지 않았던 것이다. 영상을 만들든 글을 쓰든 돈, 돈, 돈. 돈의 노예로 살아야 하는 건 어쩔 수 없는 운명인가 보다.

일을 하다 보면 힘을 준다고 계획대로 착착 다 진행되는 건 아니다. 오히려 힘을 빼고 가벼운 마음으로 내가 하고 싶은 걸 꾸준히 했을 때 행운이 찾아오기도 한다. 꾸준히 하다 보면 수면 아래 조용히 잠들어 있는 작품들도 언젠가 빛을 볼 날들이 오겠지. 영영 오지 않을 수도 있다. 그렇다고 아무것도 안 하고 있으면 떡상의 가능성은 0%라는 것을 안다. 로또 당첨처럼 노력 없이 주어진 운은 언젠가 독이 된다. 천운을 바라는 것보다 꾸준히 내 일을 하는 사람이 되게 해달라고 비는 편이 더 현명하다. 그나저나 이 글은 떡상할 수 있을까?

때로는 거리 두기가 필요해

아이들이 어릴 때는 매일 붙어 있으니 시간이 없어서 글을 못 쓴다고 징징댔다. 막상 아이들이 학교로, 어린이집으로 가고 공식적인 여유 시간이 주어졌는데도 글을 못 쓰겠다고 여전히 징징대고 있다. 빈 시간이 주어져도 그 시간 내내 글 쓰는 에너지가 나오는 건 아니었다. 글쓰기에도 어김없이 슬럼프가 찾아왔다.

타이머를 30분으로 맞추고 그만큼은 딴짓을 하지 말고 글만 쓰자고 다짐한다. 왜 글 쓸 시간만 되면 딴짓이 하고 싶은 건지. 정말 미치고 팔짝 뛸 노릇이다. 지금 이 한 편의 글을 쓰면서도 나는 수많은 딴짓을 하고 있다. 카톡을 열어 남편에게 메시지를 보내고, 유튜브 창을 열어본다. 알라딘에 접속하고, 도서관 사이트에서 책을 검색한다. 커피를 세 모금 정도 마시고, 휴대폰으로 시간을 확인한다. 인스타그램에 수시로 들락날락한다. 또 갑자기 어제 못 쓴 일기를 쓰기도 한다. 산만함의 끝판 왕이 아닌가 싶을 정도로 딴짓을 한다. 글 쓴다고 앉았다가 딴짓만 하고 끝날 때가 더 많다. 마흔이 다 된 어른도 엄마한테 등짝 스매싱이라도 한 대 맞아야 정신 차리려나.

소소한 딴짓을 다 하고도 글이 도무지 써지지 않을 때면 일단 자리를 뜬다. 오래 앉아 있다고 해서 공부 잘하는 게 아니듯 글을 잘 쓰는 것도 아니다. 글쓰기 부담에서 벗어날 수 있도록 몸을 움직이는 딴짓을 해야 한다. 몸을 실컷 움직이는 사이 다시 책상으로 돌아가 쓰고 싶은 마음이 생길지도 모른다.

운동: 일단 나가서 걷는다. 산책도 좋고 달리기도 좋다. 글쓰기 슬럼프와 상관없이 매일 하면 좋겠지만, 말처럼 쉽지 않다. 산책은 운동도 하고 글쓰기 영감도 생길 수 있는 가장 좋은 방법 중 하나다.

청소: '설거지라도 해야지.'가 아니라 '설거지는 보람을 즉시 느낄 수 있는 최고의 방법.' 중 하나라고 한다. 눈앞에 결과가 바로

보이는 행위다. 쌓인 그릇을 닦는 일, 책상 서랍 한 칸을 정리하는 일. 평소 모른 척 넘어가던 먼지 쌓인 TV 뒤, 책꽂이 위, 냉장고 서랍 박박 닦기.

유튜브 영상: 글이 써지지 않을 때는 글 쓰는 작가들이 이야기해 주는 영상을 본다. 그들이 말해주는 팁을 보면 왠지 글이 써질 것 같은 힘을 얻게 된다. 또 마인드 컨트롤 할 수 있는 김창옥, 김미경님의 영상을 보면서 마음을 다잡아본다. 또 글이 안 써질 때는 유튜브 업로드할 영상을 만들기도 한다. 후다닥 한 편을 만들어 올리고 나면 뿌듯해진다.

인스타그램: #책스타그램을 보면 읽어보고 싶은 책들이 가득하고 #육아 태그에는 아이들 키우는 정보로 가득하다. 남들은 이렇게 열심히 잘 살고 있구나. 적당한 자극도 받는다. 하지만 구경하다 보면 정말 끝이 없다. 남들의 하이라이트 인생을 보면서 내 모습이 초라하게 느껴질 수 있다. 뭐든 적당히가 중요하다.

쇼핑: 메모지에 적어둔 쇼핑 목록을 살펴본다. 필요한 게 왜 이리도 많은지. 배송비 핑계를 대며 이것저것 더 주워 담는다. 계절이 바뀌어 아이들 옷을 쇼핑할 때면 글쓰기로 다운되었던 기분을 다

시 끌어올려 준다. 돈 썼으니 이제 글도 좀 쓰자.

글쓰기 거리두기로 머리에 환기를 시켜주고 다시 책상 앞에 앉는다. 딴짓을 잔뜩하고 나면 약간의 죄책감이 밀려온다. '이러고도 안 쓴다고? 양심이 있으면 이제 써야지. 그래야 사람이지.' 나를 추궁해본다. 그래도 안 써지면 그럼 별 수 없다. 오늘은 푹 자고 일어나 내일 쓰자. 이럴 땐 마감이 없는 무명 작가라 정말 다행이다.

글 친구 만들기

혼자 책을 읽고 방에서 혼자 글을 썼다. 때로는 천국처럼 편하다는 생각을 했고, 때로는 지옥처럼 어두웠다. 혼자가 편하다가도 어떤 날은 모여서 같이 읽고 쓰는 사람들이 부러워졌다. 나는 왜 저런 모임에 끼지 못할까. '모임에 참여하고 의견을 나누지 않아서 더 이상의 발전이 없는 건가.'라는 생각에 스스로 작아졌다. 독서모임, 글쓰기 모임의 가장 큰 장점은 다른 사람의 의견을 수용하고 비판하면서 내 생각을 확장해 나가는 것이다. 하지만 나는 다른 사람들과 모여 읽기나 쓰기를 함께하면 타인의 기분 맞추기에 에너지를 다 빼앗겨 버릴 게 뻔했다. 읽기 싫은 책을 억지로 읽을 것이고 어떤 책은 최악이었다고 말하지 못할 것이다. 아무리 좋은 책이 있어도 추천하지 못할 것이고, 누군가의 비난에 상처받을 것이다. 다듬어지지 않은 날것의 글로 다른 사람들과 생각을 나눈다는 기대보다 아직은 두려움이 더 크다.

글을 쓰면서 두 가지 생각이 공존한다. 하나는 내가 쓴 글을 아무도 안 봤으면 좋겠다. 또 다른 하나는 한 사람이라도 봐주면 좋겠다. 처음 글을 쓸 때 대상을 정해 두고 쓰면 글이 훨씬 편해진다. '친구야, 나 있잖아.' 나를 있는 그대로 보여줄 수 있고, 나와 비슷한 상황에 있는 친구에게 이야기하듯 시작해 보는 것이다. 나에게 가장 호의적인 편안한 사람이 누구인지 떠올려 보자. 내 나이 또래의 아이를 키우며 마음에 맺힌 게 있는 사람. 육아도 하고 때로는 일을 하며 뭉친 마음을 어떻게 풀어야 할지 모르는 한 사람을 생각해 본다. 오늘도 그 친구와 함께 이야기 나눈다고 생각하고 내가 할 수 있는 최선의 방법으로 소통을 시도한다.

책 한 권을 쓴다고 했을 때 처음 30%는 혼자 쓰는 게 좋았다. 그동안 내 안에 쌓여 있는 뭉텅이들을 누구의 간섭이나 시선을 느끼지 않고 그대로 털어놓는 게 중요했기 때문이다. 그다음 30%는 공개된 곳에 글을 올려보고 '나 이런 글 쓰고 있어요.' 정도의 뉘앙스를 풍겨본다. 공개된 곳에 올라다 보면 용기도 생기고 내 글을 객관적으로 확인할 수 있다. 다음 20%는 끌어올리는 힘이 필요하다. 가장 좋은 방법은 글 친구를 만드는 것이다. 성향상 가장 만만한 글 친구는 남편뿐이었다. 그는 내가 노트북을 두드리고 있는 모습을 (그 시간에 차라리 잠을 자라면서) 세상에서 가장 쓸모없는 짓으로 여기는 사람이었다. 내가 쓴 글을 들이밀며 "어때요?" 물으면 또 분명히 이런 답이 나올 것이다.

1. (대충 보고) "잘 썼네요."
2. (읽기 싫어서) "뭔 말인지 모르겠어요."
3. (생각하기 싫어서) "전 글 전문 평가단이 아니에요."

그는 김미선 남편으로 사는 게 제일 극한 직업이라고 떠들고 다닌다. 본인이 설계한 인생에서는 도무지 있을 수 없는 일들이 일어나고 있기 때문이다. 예를 들면 노래라면 질색이던 그가 셀프 축가 부르고 있는 것. 패키지 여행만 추구하던 그가 일본 여행에서 오른쪽 운전석에 앉아 운전대를 잡고 있는 것. 공부만 강조하던 그가 아이들과 떠날 여행지를 검색하고 있는 모습 등등. 두둥! 극한 직업 다음 미션. "당신은 미선님의 글 친구로 임명되셨습니다." 남편이 글 친구가 되었을 때의 장점은 굳이 약속을 정하지 않아도 매일 만날 수 있다는 것이다. 어디서 만날지 정하지 않아도 된다. 약속을 취소해도 부담이 없다. 그의 부정적 피드백에 필사적으로 반박할 수 있다. 무엇보다 그는 아주 냉철하다. 무엇을 하든 내가 하는 일에 곱지 않은 시선부터 보낸다. 그의 눈을 통해 내 글은 더 강해질 수 있다. 원래 독자는 40대 엄마들로 잡았다. 하지만 우리 집 가장님도 내 글을 읽고 쓰기를 시작한다면 나는 예상 독자 외에 다른 독자까지 얻는 셈이니 해볼 만한 도전이었다. 남편이 인정한 글이라면 '다른 누굴 보여줘도 괜찮겠구나.' 싶은 마음도 있었다. 글 친구와 의견을 주고받으며 투닥거릴 생각을 하니 벌써부터 피곤해지는 건 기분 탓이겠지.

이제 나머지 10%는 퇴고라는 다시 혼자만의 고독한 싸움이 된다. 또 남은 10%는 출판사에서 표지, 디자인, 편집 등으로 채워줄 것이다. 그렇게 100%의 에너지를 담아 만들어진 책은 독자에게 전달되겠지. 혼자 글을 읽고 쓰는 시간이 충분히 채워진다면 자연스럽게 다른 사람들과 나누고 싶은 생각이 들 거 같다. 아직은 혼자가 편하지만 말이다. 언젠가는 글쓰기 모임을 개설해 나처럼 글쓰기가 필요한 사람들을 위해 쉽게 시작할 수 있는 방법을 나누고 싶다. 그리고 꾸준히 써 내려가는 힘을 함께 배우고 싶다.

ps. 집에 사는 '글 친구'가 너무 바빠서 결국 끝까지 혼자 썼다는 슬픈 후문.

실패한 글쓰기는 없다

집 안 곳곳에 끄적여 둔 A4 용지가 돌아다닌다. 노트북에도 알 수 없는 한글 파일들이 자꾸만 생성된다. 생각의 조각들이 남긴 흔적들. 어디로 갈지 몰라 제 자리를 찾지 못하고 방황 중이다. 아이디어가 떠오르면 책 한 권이라도 뚝딱 쓸 수 있을 것 같다. 쉽게 시작하지만 끝은 아주 초라해진다. 초반에 끄적여 둔 글로 오랜 시간을 묵혀둔다. 어떤 생각이 떠올랐을 때 딱 그것만 종이 위에 적어둘 뿐. 떠오른 소재를 글 한 편으로 풀어서 마무리하는 힘. 즉 오래 생각하고 고민하는 힘이 부족했다. 그래서 글이 자꾸만 조각으로 흩어져 있었다. 다시 쓰려고 보면 '이게 뭐야?'라는 말이 저절로 나온다. 마음먹은 대로 글을 쓸 수 있다면 나는 얼마나 많은 작품들을 완성했을까. 처음 쓰고자 했던 조각난 글을 끝까지 완성해 보는 것. 그게 글쓰기의 작은 성공 아닐까.

끝까지 쓰는 힘은 어디서 나올까? 아이를 키우면서 가장 많이 길러진 인내심 아닐까. 기다리는 힘. 쓸 수 있을 때까지 기다려 주고 또 쓰고 있는 시간을 기다려 주는 것. 글쓰기에도 인내심이 필요하다. 또 한 가지는 꾸준함이다. 그릿이라는 책을 보면 '끝까지 해내는 것이 결국 성공이다.'라는 메시지가 나온다. 나는 글쓰기에 재주도 능력도 없는 사람이었다. 쓸거리가 매일 생겨나는 것도 아니고 써놓은 글을 몽땅 지워버릴 만큼 실력이 형편없다고 생각 될 때도 많았다. 쓰고 싶을 때까지 한 글자도 안 쓰며 반항도 해본다. 글쓰기를 다시 시작하고 싶을 때까지 기다려 주었다. 나에게 다시 한번 기회를 주고 싶다. 그 덕에 나는 꾸준히 쓰는 사람이 될 수 있었다. 꾸준히 쓰는 사람은 때로 끝까지 쓰는 사람이 되기도 한다.

큰 틀에서 글쓰기는 하나의 핵심 주제 문장을 정하고 관련된 생각을 3-4 문단으로 나누고 모으는 작업이다. 머릿속에 돌아다니는 생각을 꺼내 차곡차곡 보기 좋게 정리하는 작업. 모아진 글을 다시 읽으며 하나의 메시지를 향해 가고 있는지 확인한다. 다시 읽어봐도 원래의 메시지와 뜻이 맞다면 내가 할 수 있는 글쓰기 작업에 최선을 다한 것이다.

이 글을 쓰면서도 '과연 이 글을 끝까지 마무리 할 수 있을까?' 의 구심은 계속 나를 따라다닌다. 처음부터 완벽하게 써야겠다는 생각은 내려둔다. 누구나 첫 글은 완벽할 수 없다. 아무리 수정을 많이 하고 공을 들인 글이라도 세상 사람 모두를 만족시킬 수는 없다. 내가 담고 싶은 메시지를 처음부터 끝까지 일관되게 담아낸다면 일단 성공이다. 그렇게 나를 다독이고 위안하며 이 글도 마무리 지어본다.

고친 글도 다시 한번

글을 쓰는 것만큼이나 어려운 게 고쳐 쓰기다. 마음 가는 대로, 엉망진창으로 끄적여 둔 글을 다시 수정하다 보면 '글을 새로 쓰는 게 더 쉽겠다.'라는 마음이 들 정도로 험난했다. 후아. 고칠 글을 보면 한숨이 푹푹 나온다. '내가 언제 이런 글을 썼지?' 써 둔 글과 대면하면 불편한 감정이 올라온다. 아무리 못 쓴 글이라도 어쩌겠나. 내 글인데 물고 뜯고 맛보며 수정해 봐야지.

고쳐 쓰기의 시작은 적절한 문장과 문단을 만드는 작업이다. 생각나는 대로 일단 내뱉어 놓았기 때문에 한 문장만 적혀 있기도 하고 단어들만 놓여 있는 문단도 있다. 반대로 너무 긴 호흡으로 나열한 문장은 적절히 잘라주는 조절이 필요하다. 적당한 길이의 문장과 문단을 맞춰주는 것이 첫 번째 작업이다.

두 번째로 맞춤법 검사기를 돌려본다. 나는 '다음 포털 사이트의 맞춤법 검사기'를 이용한다. 그때, 한 번, 수백 번 같은 단어를 자주 사용하는데 쓸 때마다 띄어쓰기가 헷갈린다. 정확한 사용법을 알아두면 좋겠지만 굳이 따로 공부하지는 않는다. 맞춤법, 띄어쓰기는 든든한 맞춤법 검사기에 의존해 본다.

그런 다음 프린트를 한다. 종이로 들고 소리 내어 읽어본다. 천천히 읽어 내려가면서 응? 터덕터덕 매끄럽지 않은 구간을 찾아낸다. 단어를 덜어내든지 더 살을 붙여 자세히 써 본다. 위치를 요리조리 바꿔 분위기를 전환시키기도 한다. 읽으면서 '내가 이 글에서 하고 싶은 말은 뭐지?' 한 가지 주제를 담고 있는지 확인한다. 너무 많은 내용이 들어가 있으면 핵심 내용이 흐려지니 주제가 한 방향을 향하고 있는지 확인한다.

마지막으로 가까운 사람에게 보여줄 수 있는 글인지 판단해 본다. 이 글을 읽고 상처받을 사람은 없는지 한 번 더 생각한다. 내 손을 떠난 글은 이제 읽는 사람의 몫으로 남겨두자. 내가 할 일은 딱 거기까지이다. 이제 글을 떠나보낼 차례다. 안녕.

5장

비로소 내가 되었다

: 응원

타닥타닥.

나를 위해 글을 쓴다.

글쓰기로 진짜 찾고 싶은 나를 만났다.

나만의 작은 정원을 가꾸자

어떤 식물도 우리 집에만 오면 시들시들 잎이 바싹 말라가면서 한 달을 채 버티지 못한다. '이번엔 잘 키워야지!' 새로운 봄이 찾아오면 다시 식물을 들여오고 싶다. 얼마 못 가 죽어버린 식물을 보며 키우지도 못할 거 괜히 샀다며 후회한다. 나는 왜 식물을 잘 키우지 못할까? 나는 일단 식물에 관심이 없다. 우리 집에 왔다 간 식물들의 이름도 기억하지 못한다. 또 그들은 소리와 움직임이 없다. 물을 주지 않아도 목마르다고 소리치지 않고 해를 보여주지 않아도 따뜻함이 필요하다고 울지 않는다. 분명 자라고 있는 생명체가 맞지만 눈에 보이는 움직임도 소리도 없으니 굳이 시선을 두지 않게 된다. 식물이 많은 집을 보거나 한 그루라도 싱싱하게 잘 키우는 사람을 보면 달리 보인다. 아무 움직임도 없고 소리도 없는 그들에게 애정을 가지고 정성스레 가꾸는 이들. 저 사람에겐 분명 내게 없는 특별한 초록빛 능력이 탑재되어 있을 것 같다.

남편과 있을 때 나는 불만으로 가득한 거친 사람이 된다. 뭘 해도 꼴보기 싫은 미스테리한 인물이다. 아이들과 있을 때 나는 해주고 싶은 건 많지만 또 금방 귀찮아진다. 적당한 선을 넘으면 쉽게 짜증과 화를 내는 미성숙한 어른이다. 또 다른 세상 사람들을 대할 때 나는 경계심 많고 거의 소리가 없는 아주 작은 사람이 된다. 내가 아닌 나로 살아갈 때 느껴지는 피로함과 이중성이 스스로를 지치게 만든다. '이건 사야 한다고, 이리로 와 보라고, 이걸 꼭 해야만 한다고.' 세상에서 끊임없이 외치는 소리를 들으며 어디로 가는지도 모른 채 바삐 움직이고, 소비한다. 그럼에도 채워지지 않는 공허함은 계속된다. '이렇게 사는 게 맞나? 나 지금 잘하고 있는 건가?' 이건 아닌 거 같다며 고개를 떨군다. 열심히 살아온 시간들에서 허무함이 느껴지고 나는 점점 작아지고 만다.

고요한 공간. 커피. 노트북과 책. 오롯이 혼자 남았을 때 나는 비로소 가장 괜찮은 내가 될 수 있다. 글 쓰는 사람이 되겠다고 마음먹는 건 세상에 찌들어 지친 나에게, 그동안 소홀했던 나에게, 관심을 가져보겠다는 일종의 선언이었다. 매일 나에게 '오늘 하루 괜찮았냐고, 무슨 일로 그리 힘들었냐고.' 묻는 것이다. 기분 좋았던 일이 있었다면 '그래. 정말 잘했다고. 고생했다고. 너는 충분히 그럴 만하다고.' 마음을 들어주고 나눠주는 시간이다. 덮어두고 외면하고 싶은 마음 한 구석에 남아 있는 상처를 다시 돌아보는 일이다. 외면하고 싶었던 순간을 꺼내본다. 온 마음으로 나를 응원해 본다. 책을 읽고, 글 쓰는 시간이 없었다면 아마 지금보다 훨씬 나를 미워하고 증오했을 것이다. 세상에서 가장 못난 사람이라고 스스로를 깎아내렸을 것이다. 마음을 털어놓을 곳이 있다는 건 살아가는 데 중요한 버팀목이 되어준다.

움직임도 소리도 없이 하루 종일 우두커니 자리를 지키고 있는 식물을 애정으로 가꾸듯, 보잘것없던 내 삶을 사랑하며 가꿔보기로 한다. 글쓰기는 나를 존중해 주는 최소한의 예의다. 스스로 멋지다고 생각된 순간들을 남겨 본다. 새로운 요리에 도전했을 때, 아이들에게 화 낼 상황에서 심호흡을 10번 하고 차분하게 말을 건넬 때, 모기를 한 방에 잡았을 때. 글 한 편을 완성했을 때. 언젠가 추가될 목록은 반려 식물과 1주년을 맞이했을 때.

글이 주는 위로

  친정 아빠가 30년 넘게 해오던 일을 그만 두셨을 때 후련함과 동시에 공허함을 어떻게 달래 드릴 수 있을까? 고민을 했다. 편지를 쓰고 책 몇 권과 일기장을 드렸다. 그때부터 쓰기 시작한 일기를 5년이 지난 지금도 꾸준히 쓰고 있다고 하셨다. 그 말을 들었을 때 깜짝 놀랐다. 이렇게 오랫동안 일기쓰기를 유지하실 줄은 생각도 못했기 때문이다. 아빠는 날마다 일기를 쓰시면서 퇴직 후의 제 2의 인생을 기록하고 계시는 걸까? 아빠를 꾸준히 쓰게 만든 힘은 무엇일까? 늦은 나이에 시작한 일기로 아빠는 어떤 의미를 찾으셨을까?

  『엄마의 심야책방』을 읽고 '잘 읽었다.'라는 말 대신에 눈물을 흘려준 친구가 있었다. 눈물의 의미를 혼자 가만히 생각해 본다. 처음에는 단순히 책 한 권을 쓰느라 고생했다고, 기특하다는 칭찬으로 받아들였다. 두 번째 책을 쓰면서 눈물의 의미를 재해석해본다. 내가 글에서 고백한 어떤 부분이 어쩌면 친구의 마음 어딘가에 진심이 닿았을 것이다. 그 친구의 눈물은 첫 책을 쓰면서 힘들었던 순간들을 보상받는 큰 위로가 되었다. 이게 바로 글쓰기가 주는 진정한 치유와 성장의 힘이 아닌가 싶었다. 그 친구에게 두 번째 책도 가장 먼저 건네주고 싶다.

어떤 사람은 술로 하루를 위로하고, 공연이나 여행, 미디어 등 여러 가지 방법으로 스스로를 위로하며 살아간다. 나는 아이를 키우는 엄마이니 집에서 언제든 할 수 있고 돈도 많이 들지 않는 위로가 필요했다. 완벽한 엄마가 되고 싶었던 욕심을 글쓰기로 자기성찰을 하면서 내려놓게 되었다. 돌덩이처럼 막혀 있었던 답답한 마음에 글쓰기로 내려놓고 나면 약간의 환기 구멍이 생긴다. 채워지지 않는 결핍을 책을 읽고 글을 쓰면서 나만의 문장들로 마음에 대일 밴드를 붙였다. 완벽한 엄마가 아니라 조금씩 배워가는 엄마가될 수 있었다. 내가 가는 길이 정답이 아닐지도 모른다. 하지만 꾸준히 배우는 태도는 나만의 답을 찾아가는 유일한 길이 될 것이다.

나는 불행한 사람이라고 생각했다. 불행은 어디에서 올까. 엄마가 되고 글을 쓰지 않았다면 내 삶은 얼마나 더 불행했을까. 글쓰기가 삶의 위로가 될 수 있을까. 하얀 종이 위에 매일 나의 상태를 점검하고 꼼꼼히 적어보는 것. 글을 쓴다는 건 내 안에 담긴 또 다른 내가 잠시 종이 위로 나와 '괜찮다'고 말해주는 것이다. '그렇게 하면 된다고' 내 어깨를 살짝 두드려 주는 시간이었다. 내가 원하는 위로를 찾고 듣고 싶은 말을 찾아 나를 지지해 주는 글쓰기는 곧 치유의 시작이 되었다. 글을 쓰기 전에 '사랑'은 색안경을 쓴 사람처럼 왜곡된 사랑도 있었다. 어딘가에 갇힌 갑갑한 사랑도 있었다. 삶에서 자꾸 부딪히고 사람들 관계 속에서 아픈 사랑도 있었다. 그럴 때마다 글쓰기는 아픔을 쓰고 훌훌 털고 또 나아가게 했다. 쓰면 쓸수록 나를 더 많이 알게 되고 이해하고 사랑하게 되었다. 위로는 결국 사랑이다. 이제 나를 위해 글을 쓴다. 모르는 길이 나오면 책에서 길을 찾는다. 혼란스럽고 비틀거리는 길이라면 글쓰기로 나를 단단하게 붙들어 맬 것이다. 나의 고통과 글쓰기의 기록으로 단한 사람이라도 마음에 닿을 수 있다면 나는 글쓰기를 멈추지 않을 것이다. 나도 친정 아빠처럼 하얗게 흰머리가 나고 돋보기 안경을 쓴 할머니가 될 때까지 흔적을 남기며 살아야지. 내가 위로받은 것처럼 오래도록 글을 쓰고 싶다. 글 쓰는 엄마가 되어 정말 다행이다. 쓰는 사람이 되어 참 다행이다.

온전한 나 받아들이기

아이를 임신했을 때 육아서를 접하면서 완벽한 부모의 모습을 꿈꾸게 되었다. 하지만 현실은 '내가 과연 엄마가 될 자격이 있나?' 싶을 정도로 처참하게 변했다. 점점 나를 잃어가는 모습에 완벽하고자 했던 엄마의 모습은 온데간데없이 자취를 감추고 말았다. 책을 읽기 시작했을 때도 책만 읽으면 완벽한 삶을 살 수 있을 줄 알았다. 세상의 모든 책을 다 알고 싶었다. 어리석은 독서를 하고 있었다. 아무리 책을 많이 읽어도 실천 없는 독서는 내 삶에 아무런 소용이 없었다.

글쓰기에 관한 글을 쓰기 시작했을 때도 완벽한 글쓰기 책을 만들어야 한다고 생각했다. 글쓰기의 모든 기법, 영감, 잘 쓰는 법,

꾸준히 쓰는 법, 등 통합적으로 많은 것을 담고 싶었다. 세상 사람들이 손가락질하지 않을 정도로 쉽고 완벽한 글쓰기 책을 만들고 싶었다. 꿈이 허황되고 크다 보니 온갖 글쓰기 책을 사서 모으고 글쓰기 관련 영상에 자꾸만 기웃거렸다. 정보만 있으면 나의 방어벽이 생기는 줄 알았다. 더 이상 글쓰기 진도가 나가지 않았다. 남의 것이 내 것인 줄 착각하고 있었다. 글쓰기는 거기서 멈춰 버렸다.

한심한 인간이었다. 글쓰기를 제대로 배워본 적도 없고, 주구장창 남의 글만 읽으면서, 좋은 글을 쓰고 싶다는 욕심이 생겼다. 능력은 바닥인데 노력도 하지 않았다. 심지어 세상에 글 한 편 내놓을 만한 용기도 없으면서 거대한 꿈만 꾸고 있었다. 게으르고 수상한, 꿈만 위대한 방구석 작가였다. 완벽하게 쓰고 싶었던 글쓰기 꿈은 글을 쓰면 쓸수록 민낯을 그대로 보여줬다. 스스로 글에 실망하면서 실패의 쓴 맛도 보면서 쓰다 말다를 반복했다. 완성한 글보다 쓰다 말고 덮어둔 글이 훨씬 많았다. 시작하면서 5년 흘려 보냈다.

결코 대단한 글을 쓰자는 게 아니다. '잘'해야 한다는 생각을 빼면 글이 술술 써진다. 완벽하게 만들어야 한다는 생각보다 지금 내가 보여줄 수 있는 것, 내가 사람들에게 들려줄 수 있는 이야기를 그대로 쓰면 된다.

'나는 매일 이런 일기를 써요.' '내가 읽은 책을 간단히 소개해 볼게요.' 글을 잘 쓰고 싶은 마음을 내려놓은 나. 이제 내가 가진 만큼의 글을 부지런히 쓴다. 남들의 평가에 휘청대며, 울고 웃었던 인정욕구 강한 어제의 나를 놓아준다. 여전히 완벽하지 않고 실력도 출중하지 못하지만 꾸준히 쓰는 사람이 되었다. 충분히 틀릴 수 있고 불완전한 사람이라는 것을 인정한다. 글쓰기를 통해 나의 완벽하고자 했던 욕심을 하나씩 내려놓게 된다. 내려놓아야 한다. 있는 그대로의 모습을 받아들이는 연습을 하게 된다. 나는 오늘도 완벽하지 않았지만 내가 할 수 있는 만큼 썼다. 글을 마무리한다. 이 정도면 되었다.

자유로운 사람이 되는 것

아이들이 어릴 적에 놀이터에 가면 친구가 없어도 혼자 잘 논다. 미끄럼틀도 타고 그네도 타고 모래 놀이도 하면서 혼자서도 충분히 재밌게 논다. 새하얀 종이는 어른인 내가 마음껏 뛰어놀 수 있는 놀이터가 되었다. 글을 쓰는 공간이자 마음을 시각적으로 보여 주는 종이는 아이들에게 놀이터가 있듯 엄마인 내게 새로운 해방구가 되어주었다. 놀이터에서 노는 아이들이 멋진 공연을 펼치듯 놀아야 하는 건 아니다. 혼자만의 시간을 가지면서 마음이 복잡해지거나 힘든 시기가 올 때도 있었다. 그런 날에도 종이라는 놀이터 위에 앉아 혼자 노는 모습이 비록 초라해 보일 수 있어도 결코 외롭지 않았다. 뭘 하고 놀아야 할지 고민하는 시간도 있었다. 때로는 넘어지기도 하고 피가 나 쓰라린 시간도 있었다. 내게 여러 장의 백지는 놀이터가 되어주고, 쉴 곳이 되어주었다. 어딘가에 얽매인 것으로부터 탈탈 털고 자유로워지고 싶었다. 자유를 찾는다는 건 말처럼 쉽지 않았고 때로는 곁에 있는 누군가에게 상처를 주기도 한다. 글쓰기는 자유를 찾아가는 내가 아는 가장 안전하고 확실한 방법이었다.

'엄마의 글쓰기'를 주제로 책을 준비하면서 처음 생각한 제목은 '1엄마 1작가 되기'라는 거대한 프로젝트를 계획했다. 글쓰기라는 주제는 같지만 '작가'라는 타이틀이 붙으니 왠지 글을 써서 꼭 책을 만들어야 될 것 같은 부담감이 생겼다. 거창한 목표에 비해 내 글은 동네 꼬마 수준인데 말이다. 책 한 권을 내고는 그 뒤로 글 한 편을 완성하는 것도 버거웠다. 글쓰기 능력이 뛰어난 것도 아니었다. 그런 내가 다른 사람들에게 작가가 되어보라고 글을 쓰는 건 모순이 있었다.

사람으로 태어난 이상, 매 순간 자유로울 수는 없다. 다른 사람과 함께 살아가는 사회적 동물이기 때문이다. 하지만 하루의 끝. 나를 위한 조용한 공간, 혼자만의 시간, 자유를 향한 태도만 갖추면 된다. 하루의 끝에 만끽한 자유는 내일을 사는 또 다른 힘이 될 수 있다. 나에겐 그게 바로 글쓰기였다.

글쓰기의 최종 목적지는 결국 자유였다. 글은 쓴다는 것은 내가 모르던 또 하나의 세계를 만들어 내는 것이었다. 나를 찾는 글쓰기 전에는 새하얀 종이를 보면 두려움이 앞섰다. 내가 쓴 글이 어떤 평가를 받게 될지 덜컥 겁이 났다. 이제는 쓰면서 계속 생각한다. 나는 어떤 평가를 받게 되더라도 내가 쓰고 싶은 글을 쓸 수 있는 사람이라고. 나를 위해 계속 쓸 수 있다고 용기를 준다. 나를 붙잡고 늘어지는 남들의 평가와 시선을 꾸준한 글쓰기 훈련으로 싹둑 잘라버린다. 나의 글은 날개를 달고 자유롭게 하늘을 날아오른다.

그 물이 흐르고 또 흐르고
끊임없이 흐르지만
그러면서도 그곳에 언제나 존재한다.
언제나 똑같은 존재이며
그러면서도 매 순간 새로운 것이다.
- 헤르만 헤세 『싯다르타』 중

몇 번이나 곱씹어 읽어 본다. 짧은 문장에 헤아릴 수 없을 정도로 깊은 의미가 담겨 있다. 끊임없이 변하는 것 같지만 늘 그 자리에 있다. 늘 같은 자리에 있는 것 같지만 매 순간이 새롭다는 것. 어쩌면 우리의 일상도 그렇다. 아침이면 눈을 뜨고 밥을 먹고 일을 한다. 흩어졌던 가족들과 다시 만나고 잠을 자면 하루가 끝이 난다. 때로는 '이렇게 힘들게 살아서 뭐하나.' 허무함이 밀려올 때도 있다. 더 두려운 것은 오늘의 나보다 내일의 나는 몸도 마음도 더 늙고 시들어 있을 거라는 두려움이다. 그 두려움 때문에 오늘이 가장 젊고 기쁜 날이라는 걸 만끽하지 못한다. 내일은 오늘보다 못한 날일 것이라는 그 두려움 때문에 더 앞으로 나아가지 못하고 늘 이곳에 머물러 시간을 죽이고 있다. 과거의 후회, 미래에 대한 두려움은 잠시 덮어두자. 일상이라는 현재에서 새로운 순간을 발견하며 주어진 시간을 자유롭게 만끽하는 것. 그게 최선의 삶을 살아가는 방법이다.

결국 돌고 돌아 내가 궁극적으로 바라는 것은 자유였다. 이제는 나뿐만 아니라 나처럼 어딘가에 얽매여 삶이 힘들고 고달픈 사람들이 자신만의 작은 자유를 찾을 수 있기를 바란다. 그 안에서 하루를 만끽할 수 있는 사람들이 많아지기를.

내 글이 누군가에게 도움이 되었을 때

처음으로 기부를 결심한 날. 아이를 낳고 다섯 번째로 맞는 크리스마스였다. 아이에게 줄 선물을 고르는 데 마음 한구석 어딘가에 걸리는 게 있었다. 내 아이 선물을 고르면서 처음으로 다른 아이들에게도 나누고 싶다는 생각이 들었다. 남편에게 이야기했더니 '기부는 돈 많은 연예인들이나 하는 거 아니냐고. 우리 같은 평민이 무슨 기부냐면서 우리 먹고살기도 힘들다.'며 한숨을 토해낸다. 난 다시 그를 설득한다. '기부는 돈이 많아서 하는 게 아니고 작은 것부터 실천하는 거라고. 자기가 동참하지 않으면 나 혼자라도 하겠다고.' 결국 남편과 마트로 향한다. 기부할 물건을 카트에 한가득 싣는다. 아이들이 많은 복지시설로 향했다. 막상 방문하니 나도 처음이고 남편도 처음이라 쭈뼛거리며 어색함에 어찌할 바를 몰랐다.

우여곡절이 많았지만 다녀온 후에는 마음 한구석이 따뜻해졌다. 기부도 중독인지 매년 크리스마스, 어린이날엔 온라인, 오프라인으로 기부를 실천하게 된다.

첫 책을 내고 핸드폰을 손에서 놓지 않을 정도로 수시로 책을 검색해보고, 리뷰를 확인했다. 악플을 마주하게 될까 봐 두려운 마음도 있었다. 책을 읽고 정성스레 써준 리뷰는 내가 쓴 글이 다른 사람에게 도움이 되었다는 뿌듯함을 느낄 수 있었다. 좋은 후기 글을 인쇄해서 벽에 붙여 놓았다. '이 분은 내 글을 읽고 다시 책을 읽고 싶은 마음이 생겼대.' '또 다른 무언가를 하고 싶은 용기가 생겼대.' 벽에 붙여 놓는다고 매일 읽을 순 없지만 스스로 작아지고 나약해지는 순간에는 벽에 붙여둔 글을 읽으러 간다. '그래. 나도 누군가에게 선한 영향력을 준 시절이 있었지.'

글을 쓰고 나서도 첫 기부를 했던 그날처럼 비슷한 기분이 들었다. 처음엔 쑥스러워 몸 둘 바를 몰랐지만 내 글을 읽고 '마음이 편해졌어요. 뭔가를 써보고 싶은 생각이 들었어요.'라는 말을 들으면 마음 한구석이 따뜻해졌다. 누군가에게 도움이 될 수 있다는 그 마음이 한 겹 두 겹 쌓여 어느새 도톰한 내가 되어 있겠지. 돈 주고도 못 사는 그 마음을 살면서 하나둘 쌓아가는 게 진정한 행복이 아닐까.

아무것도 아닌 사람도 글을 쓰면 스스로를 존중하는 사람이 될 수 있다. 그래서 써야 한다. 나, 당신, 우리는 충분히 존중받을 만한 사람이기에.

엄마표 퍼스널 브랜딩

아기 기저귀 갈고, 밥을 차린다고 누구도 집안일의 성과를 경력으로 인정해 주지는 않았다. 회사에서처럼 잘하고 있다고 칭찬도 해주고, 월급도 주면 좋으련만. 한편으론 그딴 식으로 일하지 말라고 질책도 해주길 바란다. 집에만 있는 사람은 객관적으로 성과를 인정받기가 정말 어렵다. 노력 대비 성과를 알 수 없기 때문에 어쩌면 그 자체로 극한 직업이지 않을까. 회사 다닐 때는 업무 일지를 쓰면서 나름대로 일의 흔적을 남겼다. 집에서 하는 일은 매일 부지런히 움직여 봐야 티도 나지 않고, 기록하지 않으면 누구 한 명 알아주지도 않는다. 그러니 더 꼼꼼히 남겨보는 수밖에 없다. 성과가 눈에 보이지 않는 일이라도 세세하게 남겨 놓으면 기록은 쌓인다.

퍼스널 브랜딩은 남들과 차별화된 나만의 색을 찾는 것이다. 요즘은 누구나 SNS 채널 하나쯤은 가지고 있는 시대가 되었다. 여기다 브랜딩이라는 단어까지 나오면 당장 사업이라도 시작해야 할 것처럼 부담이 느껴지기도 한다. '나는 그런 거 모르는 사람이라고.' 도망이라고 가고 싶다. 하지만 언제까지 아이만 키우며 살 수 있을까? 아이들 손이 많이 가는 시기는 길어야 10년이다. 그 뒤로는 다시 직장에 들어가게 될 수도 있고, 나만의 일을 하게 될 수도 있다.

아이를 기르며 집에 있는 동안에도 준비할 수 있는 퍼스널 브랜딩을 알아보자. 당장 일을 하고 싶지 않아도 준비가 되어 있으면 하고 싶을 때 언제든 시작할 수 있다. 아이가 내 손을 떠나고 하고 싶은 일이 생겼을 때 자격이 주어진다. 퍼스널 브랜딩은 가장 싸고 확실한 자기 마케팅 수단이기 때문이다. 지금의 나보다 조금 더 성장해보고 싶은 마음이 있는 사람이라면 지금 당장 퍼스널 브랜딩을 준비해 보자.

퍼스널 브랜딩의 첫 번째 단계는 기록이다. 하루를 기록하다 보면 이유식 식단을 잘 짜는 엄마도 있고, 육퇴 후 간단히 만들어 먹을 수 있는 야식을 잘 만드는 엄마도 있다. 아이와 함께하는 놀이 아이디어가 많은 엄마도 있다. 기록은 하루 동안 뭘 하며 살았는지 보여준다. 꾸준한 기록은 아이를 키우면서도 나라는 사람을 마케팅할 수 있는 사람으로 만들 수 있다. 나를 홍보하고 마케팅할 수 있는 최고의 수단은 엄마의 글쓰기로 시작한다.

퍼스널 브랜딩의 두 번째 단계는 나라는 사람의 강점을 찾는 것이다. 누가 뜯어말려도 하고야 마는 '나만의 고집'을 생각하면 된다. 나에겐 그게 책 읽기였고 글쓰기였다. 이 좋은 걸 세상 사람들에게 어떻게 잘 전달해 볼까? 그래서 시작한 게 책 쓰기였고, 유튜버였다. 내가 해석한 퍼스널 브랜딩은 자신의 강점을 찾고 그걸 세상 사람들에게 공유하는 것이다.

퍼스널 브랜딩의 세 번째 단계는 아웃풋을 내는 것이다. 나 또한 주구장창 책만 읽어대는 사람이었다. 독서로 인생이 바뀐다는 신념을 갖고 있었다. 근데 책을 많이 읽어도 변하는 건 없었다. 내 삶은 왜 변하지 않을까. 자괴감만 들었다. 세상을 향한 아웃풋이 없는 사람이었다. 이제는 아웃풋을 낼 수 있는 방법을 고민한다. 가장 쉽게 할 수 있는 방법은 SNS에 글 올리기로 시작할 수 있다. 유튜브 채널을 만들어 영상까지 공유한다면 레벨 업 된다. 나만의 노하우를 엮어 책 한 권을 만든다면 최고의 퍼스널 브랜딩이 된다.

나만의 퍼스널 브랜딩을 더 잘 키우는 방법은 무엇일까. 노하우를 단단하게 만들고 지치지 않고 꾸준히 글을 써가는 것은 퍼스널 브랜딩을 성장시키고 지키는 법이 된다. 나는 이제야 이론만 깨우친 사람이다. 하지만 아직 기회는 있다. 지금 이 글을 쓰는 순간에도 나만의 퍼스널 브랜딩을 위해 한 걸음 나아가고 있는 것이기 때문이다. 퍼스널 브랜딩으로 경제적 자유를 얻는 그날까지! 이 글을 읽는 당신도 자신만의 퍼스널 브랜딩을 이룰 수 있기를.

쓰게 되어 다행이다

몇 년간 미뤄둔 초고를 '이번이 마지막이다.'라는 심정으로 마무리했다. 마지막 장을 쓰는 순간까지도 '글도 많이 안 써본 사람이, 글쓰기 능력도 없는 사람이 글쓰기 책이라니. 아직 때가 아니지 않나.' 마무리를 방해하는 내면의 방해꾼들이 수군거린다. 누가 쓰라고 강요한 것도 아니고 분명 자발적으로 '엄마들을 위한 글쓰기 책'을 쓰고 싶었다. 쓰는 동안 까마득하고 막막하던 순간들이 자주 찾아왔다. 나를 무너뜨린 것도, 다시 일으킨 것도 역시 종이 위의 검은 글자들이었다. 내가 뭐라고 책을 쓰고 있는 건지. 마음 약해지는 소리가 들릴 때면 그 마음을 가만히 들여다보며 있는 그대로 표현하려고 했다. 때로는 아프고 힘든 시간에 부딪히며 글을 완성하게 되었다.

한 개인의 일기스러운 흔하고 평범한 글이다. 누군가는 별 볼일 없는 글을 보며 비아냥거릴 수도 있다. 또 다른 누군가는 '이 정도면 나도 쓸 수 있겠는데?' 하는 글쓰기 욕구가 마음속에 꿈틀거릴 수도 있다. 하고 싶은 말은 많은데 할까 말까 망설이던 순간에 그냥 뱉어버린, 하고 말아버린. 나라는 사람의 못난 글을 보면서 차마 하지 못했던 마음 속 엉킨 실타래를 한 줄 두 줄 써 내려가는 사람이 있었으면 좋겠다.

남편이 승진하는 것. 아들, 딸이 공부를 잘해서 성공하는 것. 외부에서 오는 기쁨은 수명이 짧다. 오롯이 내 것이 아니기 때문일 것이다. 오랜 기간 마음의 평화를 줄 수 있는 것은 외부적인 것보다 오롯이 내 안에서 뿜어져 나오는 것이었다. 더 빨리 알았다면 좋았을 텐데. 나를 돌보는 글쓰기를 하면서 지금이라도 깨닫게 되어 다행이다. 마흔의 달력 위를 걷고 있다. 치열하게 살아가는 하루도, 흥청망청 보낸 하루도 있다. '지금 잘 살아가고 있냐고.' 스스로에게 묻는다면 글을 쓰지 않았을 때보다는 잘 살아가고 있다고 확실하게 대답할 수 있다. 모든 날이 저마다의 사연을 가진 흔적으로 남아 있기 때문이다. 마흔의 나에겐 나의 글이 담긴 책 한 권이 생겼기 때문이다.

　나는 여전히 불안하고 서툰 사람이다. 그런 나를 인정하고 이제는 나를 열심히 가꾸고 도닥이면서 평안을 찾아가는 사람이 되려한다. 꾸준한 글쓰기를 통해서 말이다. 멈추어도 괜찮다고. 느려도 괜찮다고. 그 지점에서 다시 시작하면 된다고. 나에게 이야기하며 느리지만 오래도록 글을 쓰며 내 길을 걸어갈 테다. 지금이 아니어도 언젠가는 당신도 자신만의 이야기를 꺼내 놓을 수 있기를. 글 쓰는 엄마가 될 수 있기를 바란다.

　마지막으로 어설픈 원고를 수없이 다듬고 고민하며 한 권의 책이 되도록 이끌어주신 편집장님께 감사하다는 말을 남긴다. 새벽에 일어나 혼자 글을 쓰고, 투고까지 끝내고, 출판사의 연락을 받은 다음에서야 남편에게 이 책의 존재를 털어 놓았다. 어이없는 듯 '설마' 하는 표정으로 출판사에서 온 메일을 살펴보던 그는 '잘해보라.' 며 두말 하지 않고 계약을 응원해주었다. 계약이 진행되고 퇴고 작업을 할 때, 최선을 다해 글 쓸 시간을 확보해주었다. '엄마'라는 이름에서 '글 쓰는 엄마'가 된 나를 믿어줘서 정말 고맙다는 말을 전하고 싶다. 엄마 책 만든다고 방 문 꼭 닫아주고 아빠랑 놀면서 협조

해 준 사랑스런 하율, 하린에게도 사랑하는 마음을 남겨 본다. 친정 부모님, 시부모님께 늘 곁에 계셔주셔서 감사하다는 마음을 전한다. 만나면 쉴 없는 수다로 응원해 주는 따뜻한 친구들, 동생에게도 고마운 마음을 표현해 본다. 이 모든 것을 허락해 주신 하나님 감사합니다. 결국 행복은 '사랑하는 사람과 함께 맛있는 밥을 먹는 것'이라고 한다. 마감한다고 미뤄둔 맛있는 행복을 이제 만끽하러 간다. 감사합니다.